GTB
Gütersloher Taschenbücher
1218

Marc Stern
Geboren 1956 in Antwerpen,
Kantor in verschiedenen Synagogen Belgiens, Rabbinerdiplom in Natanja/Israel, Religionslehrer, Lehrauftrag für jüdische Theologie an der Universität in Osnabrück, dort auch seit 1994 Rabbiner der orthodoxen jüdischen Gemeinde, zahlreiche Veröffentlichungen.

Marc Stern

Die schönsten biblischen Geschichten *aus jüdischer Sicht*

Gütersloher Verlagshaus

Ein NES-AMMIM-Buch
zum besseren Verständnis des Judentums und Israels.

Originalausgabe

Bibliografische Information Der Deutschen Bibliothek
Die Deutsche Bibliothek verzeichnet diese Publikation
in der Deutschen Nationalbibliografie; detaillierte bibliografische
Daten sind im Internet über http://dnb.ddb.de abrufbar.

ISBN 3-579-1218-5

Umschlaggestaltung: Init GmbH, Bielefeld
Umschlagmotiv: Lika Tov, Jerusalem
Satz: PER Digitaler Workflow, Braunschweig
Druck und Bindung: Elsnerdruck, Berlin
Printed in Germany

www.gtvh.de

Inhalt

Vorwort

Der Originaltext der Bibel, die Thora, wurde auf Hebräisch geschrieben und enthält nur eine sehr geringe Anzahl an Wörtern. Allgemein sagt man, dass die Thora, also die fünf Bücher Moses, aus 600.000 Buchstaben bestehen. Alle Texte der Thora sind stark zusammengefasst, sogar die, die uns lang und detailliert erscheinen. Diese wenigen Details erlauben es uns, die Geheimnisse der Thora zu finden und gründlich zu erforschen, von denen einige im Midrasch (mystische Auslegung der Thora in Form von Parabeln) und in der Kabbala (jüdische Mystik) aufgedeckt werden.

In der jüdischen Tradition gibt es den Begriff der »schriftlichen Thora«, die so genannte »schriftliche Lehre«, die außer den fünf Büchern Moses auch die Bücher der Propheten und die Hagiographen (heilige Schriften) enthält. Der Begriff der »mündlichen Thora«, die so genannte »mündliche Lehre«, setzt sich aus dem Talmud und allen anderen Gesetzes- und Mystikbüchern zusammen. Diese Lehre wurde jahrhundertelang den Schülern nur mündlich weitergegeben und schließlich zwischen dem 1. und 5. Jahrhundert niedergeschrieben. Die Rabbiner befürchteten, dass die kostbare Lehre verloren gehen würde und sich im Laufe der Generationen Fehler einschleichen könnten.

Der Talmud, der den Kern dieser mündlichen Lehre darstellt, setzt sich zu einem Drittel aus der Gesetzgebung, Hallacha, und zu zwei Dritteln aus Anekdoten des Midrasch, den Haggada (Erzähltradition im Talmud), zusammen. Der Midrasch besteht zur Hälfte aus Geschichten, die dazu dienen, einige der Geheimnisse der Thora anschaulich zu erklären.

Die Kabbala fasst alle jüdischen Werke der Mystik zusammen, dazu gehören: der Sohar, das so genannte »Buch der Herrlichkeit«, das von Rabbi Schimon bar Jochaj verfasst wurde; die Werke des Baal Schem Tow; die Werke des Maharal von Prag; die Werke der Kabbalisten von Safed, unter anderen Rabbi Schlomo Alkabetz, Rabbi Jizchak Luria etc. und die Werke der Tania des ersten Lubawitscher Rabbi. Ebenfalls zur Kabbala gehören alle signierten und anonymen Midraschim: Midrasch Rabba, Midrasch Tanchuma, Pirke de-Rabbi Elieser, Targum Jonathan (»ben Usiel«, der seinen Kommentar über den Hagiographen nicht mehr schreiben konnte), Tana debe Elijahu, Mechilta etc.

Es ist nicht möglich, alle Einzelheiten der Thora zu erklären. So gehört zum Beispiel der Abschnitt über die Schöpfung der Welt zu den Geheimnissen der Thora, die gemeinen Sterblichen nicht aufgedeckt werden dürfen. Der Talmud (Traktat Chagiga 13a) schreibt vor: »Versuche nicht, Dinge zu verstehen, die für dich zu schwierig sind oder die vor dir verborgen sind. Lerne, was dir erlaubt ist, die geheimen Dinge gehen dich nichts an.«

Trotz der Geheimnisse der Thora und unserem Unvermögen, diese zu verstehen, glauben wir Juden mit voller Überzeugung, dass es Gott ist, der die Welt erschaffen hat. Ebenso glauben wir, dass die Thora, die am Sinai durch Mose offenbart wurde, von Gott für die Menschen verfasst wurde. Wir bezweifeln nicht die Authentizität der biblischen Botschaft. Die drei ersten Wörter der Thora sind »Bereschit bara Elokim«, das heißt »Am Anfang schuf Gott«. »Bereschit« (am Anfang) endet mit dem Buchstaben »tav«, »bara« (schuf) endet mit dem Buchstaben »aleph« und »Elokim« (Gott) auf »mem«. Diese drei Buchstaben bilden das hebräische Wort »emet«, das »Wahrheit« bedeutet. Rabbi Bunam von Pschys'cha erklärte, dass die Wahrheit das Siegel oder die Unterschrift Gottes ist. So, wie Dichter in ihren Werken ihre Namen mit Anfangsbuchstaben angeben, so hat Gott seinen Namen an den Anfang der Thora gestellt.

Die Wörter »Midrasch« oder, im Plural, »Midraschim« werden in anderen Sprachen häufig mit »Erzählungen«, »Fabeln« oder »Legenden« übersetzt, doch diese Bezeichnungen sind irreführend. Eigentlich hat der hebräische Begriff seine Wurzeln in dem Verb »darasch«, was »forschen«, »fahnden« meint. Als die mündliche Lehre niedergeschrieben wurde, haben sich die Weisen entschlossen, einen Teil der ethischen Thoralehre in Erzählungen, Parabeln und Rätseln zu verhüllen. Diese konnten nur durch einen geheimen Code, dessen Schlüssel ausschließlich die Thoragelehrten hatten, geöffnet werden. Ohne diesen Schlüssel bleiben tatsächlich nur die Geschichten als solche bestehen, trotzdem bilden sie an sich schon eine Auslegung des biblischen Textes.

In diesem Buch habe ich einige der bekanntesten biblischen Geschichten nacherzählt. Jede Geschichte wurde im Licht der Midraschim und der jüdischen Exegeten ausgelegt, was dazu führt, dass neue, reichere Erzählungen zutage treten. Meine Absicht war nicht, eine wissenschaftliche Arbeit abzuliefern, sondern den Lesern den Genuss an unserer Erzähltradition, wie wir sie in den jüdischen Schulen gelernt haben, nahe zu bringen. Aus diesem Grund gebe ich die Textbelege für die Auslegungen der Erzählungen nicht an. Außerdem werden die hebräischen Begriffe in den Erzählungen bei ihrer ersten Erwähnung in Fußnoten erläutert. Mein Respekt und meine Ehrfurcht vor Gott habe ich durch die Großschreibung der Pronomen »Er« und »Ich« kenntlich machen. Allerdings, um die Leser nicht zu irritieren, bleiben die übrigen Personal- und Possessivpronomen wie »mich«, »mein« usw. kleingeschrieben.

Ich danke Gott, dass Er mir Kraft und Eingebung geschenkt hat, das vorliegende Buch zu verfassen. Ferner möchte ich dieses Buch all meinen Lehrern und in erster Linie meinem Vater widmen sowie all denjenigen, die mich gelehrt haben und mir die Lust vermittelt haben, mich in die Thora, in deren Geheimnisse, sowie in unsere Traditionen zu vertiefen. Ganz besonders möchte ich meine Dankbarkeit meiner Übersetzerin Katja Hornoff ausdrücken, die mir beim Verfassen dieses Buches in deutscher Sprache sehr geholfen hat.

Grand-Rabbin Marc Stern
Osnabrück, im Tamus 5763 – Juli 2003

Die Schöpfung der Welt

Genesis 1–2,3

Lange bevor die Welt erschaffen wurde, gab es schon Gott. Nichts als Gott. Gott hat immer existiert, Er existiert und wird immer existieren. Vor dem Beginn schuf Gott sieben Dinge, ohne die die Welt nicht bestehen könnte: die Thora, die Buße, das Paradies, die Hölle, der göttliche Ruhmesthron, der Tempel, wo die Gegenwart Gottes weilen wird, und der Name des Messias. Die ganze Welt wurde nur mit dem einen Ziel erschaffen, die Thora zu lernen und ihre Gebote zu erfüllen.

So schuf Gott am Anfang Himmel und Erde, das Tohuwabohu, die Finsternis, einen göttlichen Wind und das Wasser, wie es in der Thora berichtet wird: »Am Anfang schuf Gott Himmel und Erde. Und die Erde war öde und wüst und Finsternis über dem Abgrund, und ein göttlicher Wind schwebte über den Wassern.« Die ersten Elemente wurden am ersten Tag erschaffen, aber erst während der folgenden Tage wurden sie ihren Plätzen zugewiesen.

Da sprach Gott: »Es werde Licht!« Und es wurde Licht! Der Befehl wurde Wirklichkeit: Es entwickelte sich eine leuchtende Strahlung. Gott schuf vom ersten Tag an das Licht und seine Quellen: die wärmende Sonne, den leuchtenden Mond und die glitzernden Sterne, aber diese Lichter wurden erst am vierten Tag am Firmament aufgehängt. Gott sah, dass das Licht gut war, Er schied zwischen Licht und Finsternis, nannte das Licht Tag und die Finsternis Nacht; es war Abend, und es war Morgen, ein Tag.

Am zweiten Tag platzierte Gott das Firmament mitten im Wasser, das Er in unteres und oberes Wasser teilte. Er nannte das Firmament Himmel … und an diesem zweiten Tag erschuf Gott auch die Engel. Diese wurden nicht am ersten Tag erschaffen, damit in Zukunft niemand sagen könnte, dass die Engel Gott bei der Schöpfung geholfen oder beraten hätten.

Am dritten Tag legte Gott die Grenzen für die Wasser fest, indem Er die Wege für die Entwicklung der Erde, der Vegetation und schließlich des Menschen zeichnete. An diesem Tag versammelte Gott die unteren Wasser, damit aus ihnen der feste Boden auftauchen konnte, den Er Erde nannte. Die Sammlung des Wassers nannte Er Meere. Gott ließ aus dem Boden grüne Pflanzen wachsen, alle Arten von Kräutern, sowie mächtige Bäume, auf denen Früchte wuchsen, die alle Samen hatten, um sich weiter zu vermehren. Als Gott ausrief: »Es lasse die Erde Bäume, die Früchte tragen, jeder nach seiner Art, hervorsprießen …«, ragten augenblicklich die Bäume, die die schönsten Früchte trugen, aus dem Boden hervor.

Dem Midrasch nach hatten alle Bäume Früchte, selbst die groben Stämme, die Äste und Blätter sollten essbar sein. Doch weil die Erde befürchtete, dass die Menschen die Bäume vollständig aufessen würden, weigerte sie sich, den Befehlen Gottes zu gehorchen. Sie brachte Bäume hervor, deren Früchte zwar genießbar waren, aber deren Stämme nicht gegessen werden konnten. Das Argument der Erde schien logisch, dennoch bestrafte Gott sie, weil sie es gewagt hatte, seinen wunderbaren Plan selbstständig zu ändern. Das Holz und die Blätter der Bäume würden nicht essbar sein und Gott nahm einigen Bäumen die Früchte ganz. Am gleichen Tag erschien auch der Garten Eden.

Am vierten Tag hängte Gott die zahlreichen Gestirne an das Firmament, um den Tag von der Nacht zu scheiden, so dass diese als Zeichen für die Jahreszeiten dienten, die Tage und die Jahre. Als Gott den Gestirnen ihre Funktionen zuwies, hatte Er bereits vorgesehen, dass sie den Menschen als zuverlässige Navigationshilfen und sogar als Kompass zur Verfügung stehen sollten. Bis zum dritten Tag wurde die Zeit durch Gottes Handeln bestimmt. Sobald Er die Himmelslichter aktiviert hatte, schuf Gott die Zeit nach ihren universell bekannten Prinzipien: Tage mit 24 Stunden, von denen jede 60 Minuten dauert, die ihrerseits jeweils in 60 Sekunden eingeteilt sind. Die Erde begann sich um sich selbst und gleichzeitig um die Sonne zu drehen. Gott gestaltete diese Rotation derart, dass die Erde einmal vollständig innerhalb von 365 und einem Viertel Tag die Sonne umrundete und so ein Jahr bildete. So geschah es von da an und so wird es geschehen bis in alle Ewigkeit. Zudem bestimmte Gott das größere Licht dazu, über den Tag zu herrschen, und das kleinere Licht mit den Sternen, um die Nacht zu beherrschen. Ihre Aufgabe sollte sein, die Erde zu erhellen und den Tag von der Nacht zu unterscheiden.

In seinem genialen Projekt wollte Gott ursprünglich die beiden Hauptlichter, die Sonne und den

Mond, gleich groß erschaffen. Doch der Mond eilte zu Gott und beklagte sich: »Es ist unmöglich für zwei Könige, die gleiche Krone zu tragen.« Er wollte eigentlich mehr Macht bekommen als die Sonne, deshalb beschloss Gott, seine Größe zu verringern. Der Mond nahm diese Entscheidung Gottes an, ohne sich jemals wieder zu beschweren. Deshalb schickte Gott auch die Sterne in den nächtlichen Himmel, damit deren Licht das des Mondes ergänzen konnte. Gott sah, dass es gut war, und tatsächlich konnte es nicht vollkommener sein. Wenn Gott die Sonne ein wenig größer gemacht oder sie etwas näher zur Erde be festigt hätte, würde ihre sengende Hitze die Erde verbrannt haben. Wenn Er die Sonne aber ein bisschen kleiner oder etwas weiter entfernt erschaffen hätte, wäre die Erde gewiss vollständig zugefroren. So waren also, wie die Sonne, alle Planeten in ihrem gesamten Orbit mit ihren Galaxien in perfektem Gleichgewicht.

Am fünften Tag ließ Gott das Wasser wimmeln von Fischen und allen anderen Meerestieren und -früchten. Den Himmel füllte Er mit gefiederten Vögeln und allem, was fliegen konnte, also auch mit fliegenden Insekten.

An diesem fünften Tag schuf Gott die Riesenfische: die Leviathane, die die größten existierenden Wassertiere sind. Wenn der Leviathan hungrig ist, so vermittelt der Midrasch, schlägt er mit seinem mächtigen Schwanz gegen die Wellen des Ozeans. Die Fische, die durch diese Wasserbewegungen glauben, dass es in der Nähe Nahrung gibt, schwimmen an diesen Ort. Genau in dem Moment öffnet der Leviathan sein gewaltiges Maul, um all die Fische hinunterzuschlingen, die zu seiner Nahrung für den Tag bestimmt sind.

Als Gott an diesem fünften Tag ein Leviathanenpaar erschuf, befürchtete Er, dass sie sich vermehren und so das Gleichgewicht von Flora und Fauna des Meeres zerstören könnten, indem sie alle Fische fraßen. Aus diesem Grund tötete Er sogleich das Weibchen und legte es in Salz, um es zu konservieren. Später, wenn der Messias kommt, wird Gott ein großes Mahl für die Gerechten zubereiten, bei dem Er das köstliche Fleisch des Leviathans serviert.

Gott segnete alle Tiere, die an diesem fünften Tag erschienen sind: »Seid fruchtbar und mehret euch!« Es ist bemerkenswert, dass gerade die Fische und Vögel diesen Segen erhalten haben, da diese beiden Arten den Menschen als Nahrung dienen und dieser sie fängt und jagt. Gott segnete sie, auf dass sie sich reichlich vermehrten, damit es keinen Mangel an diesen Arten gäbe, die so sehr lebensnotwendig für die Menschheit sind.

Alle Tiere waren schon am ersten Tag erschaffen, doch sie waren im Schoß der Erde verborgen, bis Gott am sechsten Tag sprach: »Es bringe die Erde lebende Wesen hervor, ein jedes nach seiner Art, Vieh, Gewürm und Wild des Landes.« So erschienen alle Tiere, von den unendlich kleinen Bakterien bis zu den allergrößten Lebewesen: die Wirbellosen, die Wirbeltiere, die Haustiere, Rind, Pferd, Esel, Kamel, Ziege, die Reptilien, die Würmer, die Insekten, die wilden Tiere, die Gazelle, der Löwe, der Wolf, der Panther sowie alle Beutetiere der Wüste …

Und Gott sah, dass es gut war. Doch im Gegensatz zu den Fischen und Vögeln segnete Er sie nicht, obwohl auch einige Tiere des sechsten Tages dem Menschen als Nahrung dienen. Gott sah vorher, dass die Schlange den Tod und das Unglück in die Welt bringen würde. Wenn Gott alle Tiere gesegnet hätte, so wäre auch der listigen Schlange dieser Segen zuteil geworden und jede spätere Verfluchung wäre ohne Wirkung gewesen.

Schließlich, als Gott alle Sorten der Schöpfung, alle Tiere der Erde, des Meeres und der Lüfte erschaffen hatte und diese ihren Platz und ihre Aufgabe in der Welt gefunden hatten, beschloss Er, was die Krönung seiner Schöpfung sein würde, die gelungenste, aber auch die schwächste, nämlich den Menschen Adam zu erschaffen.

Der Mensch wurde zuletzt erschaffen, damit er alles für sich bereitet vorfand. Wenn er verdienstvoll ist, wird ihm gesagt: »Alles wurde um deinetwegen erschaffen!« Doch gleichzeitig ist seine Schöpfung am Ende eine Mahnung zur Demut, denn wenn der Mensch hochmütig ist, wird ihm gesagt: »Sei nicht arrogant, selbst die Mücke war dir voraus in der Reihenfolge der Schöpfung!«

Und Gott sprach: »Lasst uns Menschen machen nach unserem Ebenbilde …« »Nach unserem Ebenbilde«, das heißt, nach dem Bild, das Er für den Menschen vorbereitet hat. Als Gott diese Worte sprach, verwendete Er einen Pluralis Majestatis, so wie die Könige von sich »wir« sagen. Doch auch wenn Gott den Menschen alleine erschuf, beriet Er sich mit seinen Dienstengeln Michael, Gabriel, Raphael und den anderen.

So wandte sich Gott an sie: »Lasst uns den Menschen machen! Wir werden uns persönlich um seine Schöpfung kümmern, und nicht das Wasser oder die Erde!«

Der Midrasch erzählt, dass Mose, als er die Thora von Gott diktiert aufschrieb und bei diesem Vers ankam, ausrief: »Herrscher der Welt! Warum gibst du den Ketzern Argumente, die besagen, dass es mehrere Götter gibt?« »Schreib!«, erwiderte Gott. »Möge sich irren, wer sich irren will! Sie sollen lieber von ihrem Schöpfer erfahren, der alles erschaffen hat, dass Er sich, als es um die Schöpfung des Menschen ging, mit seinen Dienstengeln beraten hat.«

Die Engel teilten sich in zwei Gruppen auf. Einige waren für die Erschaffung des Menschen und andere dagegen. Der Engel der Güte verkündete: »Er soll erschaffen werden, weil er Güte verbreiten wird!« Der Engel der Wahrheit erwiderte: »Er soll nicht erschaffen werden, weil er voll von Falschheit und Lüge sein wird!« Der Engel der Gerechtigkeit sagte: »Er soll erschaffen werden, denn er wird gerecht sein!« Dagegen meinte der Engel des Friedens: »Er soll nicht erschaffen werden, weil er voll von Streitigkeiten sein wird!« Selbst die Thora wandte sich gegen die Schöpfung des Menschen: »Seine Tage sind so geringfügig und voller gefährlicher Versuchungen, er wird sicherlich viele Sünden begehen. Wenn du, Gott, nicht langmütig und barmherzig sein wirst, wird es besser für ihn sein, wenn er gar nicht erst erschaffen wird.« Gott verwarf alle Einwände der Engel und der Thora und sprach: »Ich bin barmherzig und langmütig und Ich bin bereit, den Menschen trotz all seiner Fehler und Schwächen zu erschaffen!«

Gott sammelte also aus allen Ecken der Welt ein wenig Erde zusammen, um daraus die Arme und die Beine des Menschen zu formen. Dann nahm Er Erde aus dem Land, das später Babylonien heißen sollte, für den Rumpf und Erde aus dem späteren Land Israel für den Kopf. Gott legte die gesammelte Erde auf den Berg Moria, dem zukünftigen Ort des Tempels zu Jerusalem, mischte sie mit Wasser aus allen Ozeanen und modellierte aus diesem Schlamm den Körper des ersten Menschen. Danach blies Gott dem Geschöpf aus Erde durch seine Nasenlöcher eine Seele ein. Das Wesen begann zu leben und Gott nannte es »Adam«, denn es stammte aus der Erde, die auf Hebräisch »Adama« heißt, und Gott setzte Adam in den Garten Eden.

Doch die Schöpfung des Menschen und der Menschheit war durch Adam allein noch unvollständig. Gott sprach: »Es ist nicht gut, dass der Mensch allein ist, Ich will ihm eine Gehilfin machen, die ihm entspricht.« Aber bevor Gott die Frau erschuf, ließ Er alle Tiere zu Adam kommen, damit er diesen einen Namen gab. Adam benannte eines nach dem anderen im Sinne Gottes. Die Tiere liefen paarweise, männlich und weiblich, zu ihm und Adam beschwerte sich bei Gott: »Jedes Tier hat einen passenden Partner, doch ich, dein besonderes Geschöpf, habe keine Partnerin …« Sobald Adam den Wunsch nach einer Partnerin ausgesprochen hatte, ließ Gott einen tiefen Schlaf über ihn kommen, um aus ihm auch eine Frau zu bilden.

Adam wurde zunächst als männliches und weibliches Wesen geschaffen. Danach trennte Gott den weiblichen Teil von Adams Körper und füllte die entstandene Lücke mit Fleisch auf. Hat Gott Adam eine Rippe entnommen? Oder wurde Adam auf der einen Seite männlich, auf der anderen Seite weiblich erschaffen, so dass Gott nur die beiden Hälften trennen musste? Das bleibt ein Geheimnis! Sicher ist, dass Gott in seiner unendlichen Weisheit den Körper der Frau anders als Adams geformt hat, um ihr so die wunderbare Fähigkeit, Kinder zur Welt zu bringen, zu schenken.

Als Adam erwachte, war er sehr erfreut, neben sich eine Frau zu finden, diejenige, die ihr Leben mit ihm verbringen und ihm später Kinder gebären würde. Sie würde seine Freude mit ihm teilen sowie ihn in seinem Kummer und seiner Verzweiflung trösten.

Die Schöpfung der Welt und die Anordnung ihrer Elemente geschah innerhalb von sechs Tagen: drei Tage für das Behältnis und drei Tage für seinen Inhalt. So wurde das Licht am ersten Tag geschaffen, seine Verteiler Sonne, Mond und Sterne bekamen aber erst am vierten Tag ihren Platz im Orbit zugeteilt. Die Gewässer und die Atmosphäre des zweiten Tages wurden am fünften Tag durch Fische und Vögel mit Leben gefüllt. Schließlich wurde die feste Erde mit ihrem Vegetationsmantel des dritten Tages am sechsten mit Tieren und Menschen bevölkert.

Und Gott segnete den Menschen Adam und seine Frau: »Seid fruchtbar und mehret euch, bevölkert die Erde und bezwingt sie, und herrscht über die Fische des Meeres, über die Vögel des Himmels und über alle Tiere, die sich auf der Erde regen.« Und es war Abend und es war Morgen, der sechste Tag.

So waren der Himmel, die Erde und alles, was darauf lebte, vollendet. Gott hatte am siebten Tag sein von ihm gemachtes Werk vollendet, und am siebten Tag enthielt Er sich dieses Werks. So segnete Gott den siebten Tag und heiligte ihn.

Alles befand sich nun in einem Zustand der Vollständigkeit. Gott beendete sein beabsichtigtes Werk, so dass keine weitere schöpferische Handlung von ihm folgen wird, außer der Erhaltung der Welt mit ihren bestehenden funktionierenden Bedingungen. Die bekannte Übersetzung »und Gott ruhte am siebten Tag von seinem Werk« ist irreführend, eine passendere Übersetzung ist »Gott enthielt sich seines Werkes am siebten Tag«. Gott enthielt sich jeder weiteren schöpferischen Tätigkeit. Gott braucht keine Ruhe und Erholung. Er schuf den Schabbat, die wöchentliche Ruhe für den Menschen. Im Midrasch steht geschrieben: »Der Heilige, Er sei gesegnet, sagte zu Mose: ›Ich habe ein wunderbares Geschenk in meiner Schatzkammer; sein Name ist Schabbat. Ich möchte es dem jüdischen Volk geben; geh und kündige es ihm an.‹«

Im Garten Eden

Genesis 3,1–24

Am sechsten Tag der Schöpfung pflanzte Gott im Osten einen wunderschönen Garten in Eden und setzte den Menschen Adam, den Er gerade geschaffen hatte, hinein. Gott ließ aus der Erde verschiedene Bäume hervorsprießen, die schön anzusehen waren und deren Früchte als köstliche Nahrung dienten. Auch gab es einen Baum des Lebens in der Mitte des Gartens und einen Baum der Erkenntnis von gut und böse. Ein Fluss kam aus Eden und bewässerte den herrlichen Garten, das Wasser versickerte in der Erde, tauchte weiter entfernt wieder auf und bildete dort vier Flüsse. Der erste Fluss war der Pischon, der zweite der Gichon, der dritte der Chidekel, bekannter unter dem Namen Tigris, und der vierte war der Euphrat.

Gott befahl Adam, dass er den Garten bebauen und bewachen sollte. Er sagte ihm auch: »Von allen Bäumen des Gartens darfst du uneingeschränkt essen. Aber du sollst nicht von dem Baum der Erkenntnis von gut und böse essen, denn wenn du davon isst, wirst du den Tod verdienen und sterblich werden!«

Danach ließ Gott Adam in einen tiefen Schlaf fallen, entnahm ihm eine Rippe und bildete seine Partnerin: die Frau, Eva. Doch erst nach der Geburt von Kain und Abel wird Adam sie mit diesem Namen anreden.

Nach dem Aufwachen freute Adam sich sehr über das wunderbare Geschenk, das er erhalten hatte. Wenigstens würde er nicht länger alleine sein.

An diesem sechsten Tag der Schöpfung schien die Sonne, der Fluss bewässerte den Garten von allen Seiten, die Natur blühte, die Bäumen trugen Früchte, von denen die einen appetitlicher als die anderen waren, die farbenfrohen Blumen wuchsen prächtig und verströmten die angenehmsten Düfte, die Tiere weideten friedlich auf den grünen Wiesen des Gartens, und die Vögel zwitscherten harmonisch. Adam hatte eine ebenbürtige Gefährtin, die er liebte, und sie waren glücklich miteinander und genossen die paradiesischen Früchte.

Adam hielt sich streng an die göttlichen Gebote und hatte sie seiner Gefährtin beigebracht. Um sicher zu sein, dass sie nicht von dem Baum der Erkenntnis von gut und böse aß, hatte er ihr gesagt, dass sie sterben würde, sobald sie den Baum in der Mitte des Gartens nur berühre. Außer diesem einen Verbot war alles erlaubt. Sie lebten sehr glücklich in der schönsten aller Welten, doch Adam hatte nicht mit der List der raffinierten Schlange gerechnet.

Adam und seine Gefährtin hatten noch keine schlechten Neigungen, sie waren ganz und gar gut und rein. Dann geschah es, dass sich die verlogene Schlange mit dem Vorschlag an Eva wandte, von dem Baum der Erkenntnis von gut und böse zu kosten, damit sie von der Existenz des Bösen erfuhr. Tatsächlich war die Schlange das listigste aller Tiere. Sie überlegte sich, dass jeder Versuch Adam zu verführen zum Scheitern verurteilt sein würde, deshalb wartete sie geduldig, bis

Adam eingeschlafen war und begann dann das verhängnisvolle Gespräch mit Eva.

Zu der Zeit der Schöpfung der Welt hatte die Schlange Eigenschaften, die sie heutzutage nicht mehr besitzt: Sie hatte die Gabe der Sprache, besaß Beine und Arme und hielt sich aufrecht. Sie fragte Eva: »Ist es wahr, dass Gott euch verboten hat, irgendwelche Früchte aus dem Garten zu essen? Wenn ihr davon nicht essen dürft, wieso hat Er sie dann geschaffen?« Eva antwortete: »Wir dürfen die Früchte aller Bäume essen, außer denen der Bäume, die sich in der Mitte des Gartens befinden. Diese Früchte dürfen wir nicht nur nicht essen, uns ist es auch strengstens verboten, sie zu berühren, sonst müssen wir sterben.« Die Schlange erwiderte: »Ihr werdet nicht sterben. Gott weiß, dass euch an dem Tag, an dem ihr davon esst, die Augen aufgehen werden und so wie Gott werdet ihr erkennen, was gut und böse ist.« Die Schlange stieß daraufhin die Frau gegen den Baum der Erkenntnis und rief: »Siehst du, du stirbst nicht, wenn du den Baum berührst, und du wirst auch nicht sterben, wenn du seine Früchte isst! Gott will nicht, dass ihr davon esst, weil ihr nicht wie Er die Gabe besitzen sollt, gut und böse unterscheiden zu können.«

Der Baum stand in seiner ganzen Pracht vor Eva und versprach eine neue, unbekannte Welt der Erkenntnis. Eva war von den Argumenten der Schlange gefangen genommen und erlag der gefährlichen Versuchung. Sie nahm eine der Früchte des Baumes und aß sie, aber noch während Eva die Frucht verspeiste, hatte sie die furchtbare Vision des Todesengels und rief: »Scheinbar werde ich sterben und Gott wird eine neue Frau für Adam erschaffen. Ich werde Adam auch ein Stück der Frucht zu essen geben. Wenn wir dann sterben, werden wir beide sterben, und wenn wir weiterleben, werden wir beide leben.« Sie gab also Adam von der verbotenen Frucht und er aß sie.

Doch so einfach geschah dies alles nicht und Adam wollte wissen, was er in den Mund nehmen würde. Eva machte ihm zunächst eine Szene wegen seines mangelnden Vertrauens, sie war zärtlich, sie weinte, sie schrie – nichts half. Adam weigerte sich, die geheimnisvolle Frucht zu essen, solange er nicht wusste, woher sie kam. Schließlich gestand Eva ihre Schuld und sagte: »Ich werde sterben, weil ich von dem Baum der Erkenntnis gegessen habe. Wenn du aber glaubst, dass du eine neue Gefährtin bekommen wirst, irrst du dich. Nach den sechs Tagen der Schöpfung wird nichts Neues mehr unter dieser Sonne erschaffen werden. Wenn du glaubst, dass du nach meinem Tod alleine sein wirst, irrst du dich auch, denn die Welt wurde erschaffen, um bevölkert zu werden. Es wird für uns beide besser sein, zusammenzubleiben und das gleiche Schicksal zu teilen.« So hörte Adam seiner Gefährtin zu und aß von der Frucht.

Nach dieser schlimmen Sünde merkten Adam und Eva, dass sich ihr inneres Wesen veränderte. Sie fühlten, dass die Neigung, Böses zu tun, in ihre Körper eingedrungen und Teil ihrer Persönlichkeit geworden war. Plötzlich öffneten sich ihre Augen und sie fühlten, dass sie nackt waren. Die Schlange hatte Recht gehabt, sie wurden erleuchtet, aber das Erste, was sie bemerkten, war ihre Nacktheit. Eigentlich sollte sich der Mensch nicht für seinen Körper schämen, solange er Gott dient, aber wenn diese Bedingung nicht vollständig erfüllt ist, fühlt er Scham für seine Blöße.

Um ihre Nacktheit zu verhüllen, wollten Adam und Eva sich Kleidungsstücke aus Blättern anfertigen. Adam versuchte große Blätter von den Bäumen des Gartens abzureißen, aber er hörte die Bäume voller Protest schreien: »Das ist ein gemeiner Dieb, das ist der Dieb, der den Schöpfer betrog, gebt ihm eure Blätter nicht!« Alle Bäume weigerten sich, ihre Blätter zu geben, außer der Feigenbaum, deshalb behaupten einige Thorakommentatoren, dass dieser Baum der Baum der Erkenntnis gewesen sein muss. Gott erschien Adam und Eva nicht sofort, Er gab ihnen Zeit, sich zu bedecken, um sie nicht in ihrem Zustand der Ungnade zu beschämen.

Sie hörten die majestätische Stimme Gottes, die in der frischen Abendkühle durch den Garten hallte. Da verbargen sich Adam und Eva vor Gott unter den Bäumen des Gartens. Gott rief den Menschen Adam und fragte: »Adam, wo bist du? Ist nicht die ganze Welt für mich sichtbar? Wie kannst du dir vorstellen, dich vor mir zu verstecken? Glaubst du etwa, Ich kenne dein Versteck nicht? Was hast du mit meinem Verbot gemacht?«

Adam sagte: »Ich habe deine Stimme im Garten vernommen, aber ich fürchte mich, weil ich nackt bin, deshalb habe ich mich vor Scham versteckt.« Gott fragte: »Wie kann es sein, dass du plötzlich Angst hast, meine Stimme zu hören?« Adam antwortete: »Ich habe bemerkt, dass deine Gegenwart den Garten Eden verlassen hat und ich fühle mich nackt und leer wegen des einzigen Verbots, gegen das ich verstoßen habe.« Gott erwiderte: »Wer hat dir gesagt, dass du nackt bist? Wer hat dir gesagt, dass Nacktheit schamhaft ist? Du warst bislang immer nackt, doch du hast dich noch nie bedeckt. Wer hat dir eröffnet, was dir vorher nicht bewusst war? Hast du etwa von dem Baum gegessen, von dem zu essen Ich dir verboten hatte?« Gott fuhr fort Adam zu befragen in der Hoffnung, dass dieser seine schlimme Sünde zugab und dass Er ihm dann vergeben konnte. Doch anstatt seine Schuld zuzugeben, rief Adam: »Habe ich auch nur eine einzige Sünde begangen, als ich noch alleine war? Es war die Frau, die du mir gegeben hast, die mich verführt hat und mich gegen dein Verbot verstoßen ließ!«

Als Gott sah, dass Adam kein Anzeichen von aufrichtiger Reue zeigte, dass dieser außerdem undankbar war und ihm sogar Vorwürfe machte, wandte Er sich an die Frau: »Was hast du getan? Du hast nicht nur selbst gesündigt, sondern auch noch Adam dazu gebracht zu sündigen!« Gott wollte, dass Eva ihre Schuld bekannte, damit ihr verziehen werden könnte. Stattdessen schob sie die Schuld auf die listige Schlange: »Ich soll Adam betrogen haben, dabei war es die Schlange, die mich hintergangen hat und du hast diese Versuchung erschaffen!« Gott weigerte sich, die Schlange zu befragen, denn Er wusste, dass diese listig und redegewandt war und einen Weg finden würde, sich zu verteidigen. Er sprach also: »Auch wenn jeder den anderen beschuldigt, ihr werdet alle bestraft werden!« Erst wurde die Schlange als Verursacher, dann Eva und zuletzt Adam gerichtet.

Gott bestrafte die Schlange, indem Er ihr die Gabe der Sprache nahm, außerdem sagte Er ihr, dass sie, weil sie das listigste der Tiere war, nun unter allen Tieren verflucht werde: Sie werde nicht weiter aufrecht gehen können, Arme und Beine werden gekürzt. Von nun an sollte sie bis in alle Ewigkeit auf ihrem Bauch kriechen und Staub fressen. Darüber hinaus werde Feindschaft entstehen zwischen der Schlange und den Menschen.

Danach wandte sich Gott an Eva: »Groß sollen die Schmerzen deiner Mutterschaft sein, in Schmerzen sollst du Kinder gebären, du wirst Verlangen nach deinem Mann haben und er wird über dich herrschen!« Zudem sollte das Erziehen der Kinder sehr schwierig und voller Kummer werden. Schließlich würde Eva sterblich sein.

Und zu Adam sprach Gott: »Da du auf die Stimme deiner Frau und nicht auf meine gehört hast und von dem Baum gegessen hast, von dem zu essen Ich dir verboten hatte, sei die Erde um deinetwillen verflucht: Mit Schmerzen sollst du dich von ihr ernähren bis an das Ende deiner Tage. Dornen und Disteln wird sie dir wachsen lassen und du musst das grüne Kraut von den Feldern essen. Im Schweiße deines Angesichts sollst du Brot essen, bis du zur Erde zurückkehrst, von der du genommen bist. Denn du bist Staub, und zu Staub wirst du wieder werden. Ich hatte dich gewarnt, wenn du von den Früchten dieses Baumes isst, wirst du sterblich werden.« Als Adam hörte, dass er das Kraut von den Feldern essen sollte, errötete er vor Scham und rief: »Muss ich mein Essen wie die Tiere zu mir nehmen?« Gott antwortete: »Weil du dich geschämt hast, mildere Ich deine Strafe und du darfst Brot zu dir nehmen.«

Zu dieser Zeit kamen Kain und Abel zur Welt. Bis dahin hatte Adam die Mutter seiner Söhne »die Frau« genannt, jetzt gab er ihr den persönlichen Namen, Eva, auf Hebräisch »Chawa«, was »das Leben« bedeutet, denn sie ist die Mutter aller Lebenden geworden. Adam hätte seine Frau bestrafen können, weil sie der Anlass für ihre Vertreibung aus dem herrlichen Garten Eden war, doch er gab ihr den schönsten Namen, den man einer Frau geben kann. Sie wurde die Erlöserin vom Tod, die Spenderin des Lebens und die Garantin für die Unsterblichkeit der Menschheit.

Auch wenn Adam schwer gesündigt hatte, zeigte Gott ihm zwei Zeichen seiner großen Barmherzigkeit. Die Strafe für das Verstoßen gegen das Verbot, von dem Baum der Erkenntnis zu essen, wäre der Tod gewesen, aber Gott wandelte die Strafe ab, indem Er Adam und Eva aus dem Garten Eden vertrieb. Doch Gott wollte sie nicht nackt verbannen. Weil Er sah, dass Adam und Eva sich nicht wohl fühlten mit ihren selbst gemachten Kleidungsstücken aus Feigenblättern, fertigte Er ihnen passende und bequeme Kleider aus dem Leder, das die Schlange gehäutet hatte. Adam und Eva wurden am sechsten Tag, also vor dem ersten Schabbat, erschaffen, sie sündigten an eben diesem Tag und sollten also auch am selben Tag aus dem Garten Eden vertrieben werden. Aber der folgende Schabbat bewahrte sie vor der sofortigen Vertreibung, denn Gott ließ sie den ersten Schabbat im Garten Eden verbringen, damit sie ihn dort genießen konnten.

Adam und Eva hatten den Tod verdient, sie wurden also sterblich, deshalb wollte Gott verhindern, dass sie die Früchte vom Baum des Lebens aßen. So schickte Er sie gleich am Ende des Schabbat aus dem Garten Eden fort und stellte östlich von Eden Cherubim auf, um den Baum des Lebens zu bewachen.

Adam fand sich außerhalb des Gartens wieder und fürchtete sich vor der Dunkelheit. Gott sagte ihm, er solle zwei Steine nehmen und sie aneinander reiben, so dass Funken entstünden, womit Adam dann Feuer machen könnte. Um sich zu ernähren, musste Adam fortan mühevoll den harten Boden bearbeiten. Er musste Samen pflanzen, die reifen Ähren ernten und einsammeln, die Spreu vom Weizen trennen, diesen zu feinem Mehl mahlen und daraus schließlich sein tägliches Brot backen. Wenn Adam die Ähren erntete, fand er dazwischen viele hässliche Disteln und Dornen als Folge von Gottes Fluch über die Erde. Adam fragte Gott: »Wie lange wird die Erde verflucht sein?« Gott antwortete: »Bis zu der Geburt eines Jungen, der beschnitten zur Welt kommt, bis Noah geboren wird.«

Wenn Brüder streiten: Kain und Abel

Genesis 4,1–16

Am sechsten Tag der Schöpfung der Welt schuf Gott Adam und Eva. Nachdem Adam seine Gefährtin geschwängert hatte, so erzählt der Midrasch, brachte Eva auf wundersame Weise noch am gleichen Tag zwei erwachsene, bereits zwanzigjährige Söhne zur Welt: Kain, der ältere, und Abel. Zusammen mit Kain gebar Eva eine Zwillingsschwester und mit Abel erblickten zwei weitere Zwillingsschwestern das Licht der Welt. Diese Schwestern sind in der Thora nicht erwähnt, sie haben auch keine Namen, denn sie hatten keinen Einfluss auf die Entwicklung der Menschheitsgeschichte. Ihre einzige Aufgabe war es, die Erde zu bevölkern.

Kain wurde Bauer, denn was lag näher, als dass der erstgeborene Sohn Adams sich der Bearbeitung des Bodens widmete, schließlich war es das Schicksal der Menschen, nach der Vertreibung aus dem Paradies die Erde fruchtbar zu machen. »Du sollst dich im Schweiße deines Angesichts ernähren.« (Genesis 3,19) So führte der Sohn die Geschäfte seines Vaters weiter. Abel war im Gegensatz zu Kain eher besinnlich und ging der Arbeit eines Hirten nach, was ihm ermöglichte, seine Gedanken und Vorstellungen umherschweifen zu lassen. So lebten die beiden Brüder 40 Jahre lang, jeder von seinen Erträgen, die ihnen durch Gottes Segen reichlich beschert waren und die sie untereinander tauschten. Der eine hatte köstliche Früchte, nahrhaftes Gemüse und Getreide, aus dem er Brot herstellte, der andere hatte Milch, Käse und Wolle, aus der er warme Kleidung anfertigte.

Zu dem Zeitpunkt, an dem später das Passahfest gefeiert werden sollte, wandte sich Adam an seine Söhne und sagte ihnen, dass in einigen Generationen alle Juden ein Passah-Opfer darbringen werden, das Gott wohlwollend annehmen werde. Nun sei der geeignete Moment da, dass auch Kain und Abel ihre Opfergaben brachten, mit denen Gott zufrieden gestellt werden sollte. Daraufhin brachte Kain wahllos Früchte und Gemüse, Abel hingegen suchte eines der schönsten Jungtiere seiner Herde aus, ein wunderbar fettes und makelloses Lamm.

Abel band seine lebende Gabe fest, so dass sie von einem göttlichen Feuer verbrannt wurde. So geschah es, dass Gott Abels Opfer annahm und großen Gefallen daran fand, doch das von Kain sah Er nicht einmal an, ja, Gott verabscheute Kain und seine Opfergabe. Dieses kränkte Kain sehr, und er war eifersüchtig auf die Tatsache, dass seines Bruders Opfer angenommen wurde. Gott wandte sich also an Kain und fragte ihn, warum er sich aufrege. Natürlich kannte Gott den Grund, aber Er wollte, dass Kain selbst seinen Fehler einsah: »Glaubst du, dass Ich das Opfer deines Bruders willkürlich angenommen habe? Das war weder willkürlich noch ungerecht. Wenn du einen Fehler gemacht hast, darfst du ihm nicht nachtrauern, sondern du solltest dich fragen, wie du in

Zukunft besser handeln kannst. Du allein bist zu tadeln, auch du hättest das Beste deiner Ernte geben müssen. Du regst dich auf und du glaubst, weil Ich dein Opfer abgelehnt habe, gäbe es weder Gerechtigkeit noch Richter. Wenn du dich besserst, wird dir vergeben.« Gott lehrte Kain so die Buße und erklärte ihm, dass es seine freie Wahl sei, Gutes oder Böses, das Beste oder das Schlechteste, das Heiligste und das Profanste zu tun.

Etwas später gingen die beiden Brüder spazieren und unterhielten sich. Das Gespräch entwickelte sich zu einem handfesten Streit. Worüber sprachen sie? Die Thora erwähnt es nicht, aber der Midrasch füllt diese Lücke.

Die zwei Brüder zogen in Erwägung, die Welt in zwei Hälften zu teilen. Jeder nahm für sich in Anspruch, dass der zukünftige Tempel auf seiner Hälfte stehen sollte. Da sie sich nicht einigen konnten, setzte sich der Stärkere durch, und Kain tötete Abel.

Kain war noch immer frustriert, dass sein Opfer nicht angenommen worden war, und suchte nach einem Vorwand, seinen Rivalen zu beseitigen. Er sagte zu seinem Bruder: »Lass uns die Welt teilen. Ich bin der Ältere, deshalb steht mir der größere Anteil zu ...«

Als sie die Welt aufteilten, bekam der eine den Boden und der andere alles, was darauf lebte. Kain sagte: »Du stehst auf meinem Land!« Woraufhin Abel antwortete: »Aber alles, was du trägst, gehört mir! Also zieh deine Kleidung aus!« »Verlasse nun meinen Boden!« ... Vielleicht war der Grund ihres Streits in der Rivalität zwischen erstgeborenem und jüngerem Bruder zu suchen.

Ein anderer Midrasch vermittelt, dass beide um die zweite Zwillingsschwester Abels kämpften, die sie gleichermaßen begehrten. Kain behauptete: »Sie gehört mir, weil ich der ältere von uns beiden bin.« Abel entgegnete: »Nein, sie gehört mir, denn sie wurde mit mir zusammen geboren.« …

Dies passierte, als sie auf einem weiten Feld standen, Kain hatte seinen Bruder fortgelockt, außerhalb der Sichtweite ihrer Eltern. Der Streit wurde heftiger und entwickelte sich zu einem Kampf auf Leben und Tod. Während dieses Kampfes hatte Abel Kain zu Boden geworfen und bedrohte ihn, dieser flehte Abel an, ihn nicht zu töten: »Wir sind nur zwei Brüder auf der Welt, was wirst du unserem Vater erzählen, wenn du mich getötet hast?« Abel hatte Mitleid und lockerte seinen Griff. Diese Gelegenheit nutzte Kain, er erhob sich gegen Abel und erschlug ihn gnadenlos.

Kain wusste nicht, wohin er den toten Bruder bringen sollte, aber er beobachtete, dass einige Tiere in der Nähe kämpften, und als eines von ihnen getötet wurde, verscharrten sie das tote Tier in der Erde. Kain folgte diesem Beispiel.

Unmittelbar danach wandte sich Gott an Kain und fragte: »Wo ist dein Bruder Abel?« Selbstverständlich eine rhetorische Frage, denn Gott weiß alles und so wusste Er auch ganz genau, wo sich Abel befand und was geschehen war. Gott begann ein unbedeutendes Gespräch mit Kain, um ihm Gelegenheit zu geben, zu gestehen und zu büßen. Kain antwortete jedoch: »Ich weiß es nicht, bin ich der Hüter meines Bruders?« Da Gott ihm diese Frage gestellt hatte, glaubte Kain sicher, dass Er wirklich nicht wusste, was passiert war. Kain war überzeugt, dass er so die Geschehnisse einfach leugnen und sogar Gott betrügen konnte. Er entgegnete Gott: »Hast du mich zum Hüter meines Bruders gemacht mit der Verpflichtung, immer auf ihn aufzupassen? Jetzt fragst du ausgerechnet mich, wie es ihm geht, so wie man einen Wächter befragt, den man beauftragt hat, einen wertvollen Schatz zu hüten.« Gott antwortete: »Abel, dein Bruder, hatte Mitleid mit dir, als ihr gekämpft habt, er hätte dich töten können, doch er hat dein Leben verschont. Nun bist du es, der ihn kaltblütig ermordet hat.«

Verwirrt durch Gottes Anschuldigung änderte Kain seinen Tonfall und verteidigte sich: »Ich wusste nicht, dass ich der Hüter meines Bruders sein und ihn vor dem Tod bewahren sollte. Ich wusste nicht, dass Mord eine Sünde ist.« Gott erwiderte: »Was hast du getan? Bist du dir bewusst, was du getan hast? Höre, das Blut deines Bruders schreit aus der Erde zu mir! Wofür hältst du mich? Ich weiß, dass du ihn ermordet hast! Sein Blut ruft mich, damit Ich es räche. Jetzt sei verflucht, noch mehr als die Erde selbst, die für ihre eigene Sünde verflucht sei, weil sie das Blut deines Bruders aufgesaugt und seinen toten Körper in sich aufgenommen hat. Die Erde soll nicht einem Mörder gehören. Selbst diese Erde, deine Verbündete, verflucht dich.«

Kain war ein Bauer und die Erde verweigerte ihm fortan gute Ernten, sie zwang ihn endlos herumzuwandern, um fruchtbareres Land zu suchen.

Kain wurde sich über die Ernsthaftigkeit seiner Tat bewusst, und als er erkannte, dass es eine große Sünde war, unterwarf er sich der göttlichen Strafe. Er wurde verbannt und musste fortan weit entfernt von seinen Eltern leben. Kain akzeptierte dieses Urteil, doch er fürchtete um sein Leben. Gott versprach ihm seinen Schutz und versicherte, dass alle Menschen und Tiere, die versuchen würden ihn zu töten, streng bestraft werden würden. Gott markierte Kain mit einem Zeichen, dem Kainsmal, das ihn von nun an beschützen sollte.

Die Thora enthält keine Einzelheiten über dieses geheimnisvolle Zeichen. Ein Midrasch besagt, dass es sich dabei um ein Horn handelte, ein anderer spricht von einem Buchstaben des göttlichen Namens auf Kains Stirn, ein weiterer Midrasch vermittelt, dass Gott ihm einen Hund als Begleiter und zuverlässigen Beschützer zur Seite gestellt hatte.

Auch wenn wir nicht wissen, was genau das Kainsmal war, in jedem Fall war es ein Schutzzeichen. Die Tiere, geleitet von der Schlange, wandten sich an Gott und baten um die Erlaubnis, Abels Tod zu rächen. Aber Gott lehnte diese Bitte entschieden ab. Er erklärte ihnen, dass Kain keine Vorbilder gehabt habe, von denen er das Übel seiner Tat hätte lernen können und verbot ihnen, Kain zu töten.

Kain büßte aufrichtig und Gott verzieh ihm. So verließ Kain Gott und machte sich auf den Weg zum Land von Nod, im Osten von Eden. Trotz des schweren Urteils über ihn war er frohen Mutes. Unterwegs begegnete er seinem Vater, der ihn nach dem Grund seiner Freude fragte. Darauf antwortete Kain: »Ich habe meine schreckliche Tat tief bedauert und aufrichtig gebüßt, deshalb hat mir der barmherzige Gott seine Vergebung geschenkt.« Adam rief: »Die Kraft der Buße ist so groß und ich habe es nicht gewusst!« Sofort sprach er, was später als Psalm 92 bekannt wurde: »Wie schön ist es, dem Ewigen zu danken, deinen Namen, du Höchster, zu besingen, am Morgen deine Huld zu verkünden und in den Nächten deine Treue … Gerecht ist der Ewige; mein Fels ist Er, an ihm ist kein Unrecht.«

Die unsinkbare Arche Noah

Genesis 6,9–8,22

Gott sah, dass die Schlechtigkeit der Menschen auf der Erde groß geworden war. Schließlich bereute Gott, dass Er die Menschen geschaffen hatte, und sprach: »Ich will den Menschen, den Ich erschaffen habe, vom Erdboden vertilgen, vom Menschen bis zum Vieh, vom Gewürm bis zu den Vögeln des Himmels!« Gott entschied sich dafür, eine gewaltige Sintflut auf die Erde zu schicken und somit die Menschheit zu vernichten. Noah aber war der Einzige, der Gnade bei Gott fand.

Vor der Sintflut war die Erde mit einer verschwenderischen Vegetation und mit majestätischen Bäumen bepflanzt, ja, die Erde lieferte alles im Übermaß. Es genügte, nur ein einziges Mal in 40 Jahren zu säen, um in jedem Jahr die beste Ernte zu erzielen. Auch die Menschheit war auf dem Gipfel ihrer körperlichen Schönheit, denn die Menschen waren sehr kräftig und lebten lange, aber sie kümmerten sich überhaupt nicht um Gott, was zu Gewalt und Unmoral führte. So geschah es, dass Gott sich im Jahr 1536 nach der Schöpfung der Welt an den gottesfürchtigen Noah wandte und zu ihm sprach: »Ich habe das Ende aller Wesen beschlossen, denn durch sie ist die ganze Erde von brutaler Gewalt erfüllt, deshalb werde Ich sie zerstören. Mache dir eine Arche aus Zypressenholz, unterteile diese Arche in Kammern und bestreiche sie von innen und außen gründlich mit Pech.«

Gott beschrieb Noah genau, wie er die Arche zu bauen hatte. Sie sollte drei Etagen hoch sein, die unterste sollte für die Abfälle, die mittlere für die Tiere und die höchste für die Menschen, also für Noah, seine Frau Naama, ihre drei Söhne Sem, Cham und Japhet und deren Frauen sowie für die Vorräte bestimmt sein. Gott gab Noah eine exakte Bauanleitung: Die Arche sollte 300 Ellen in der Länge messen, 50 Ellen in der Breite und 30 Ellen in der Höhe, mit einer Tür auf der Seite. Außerdem sollte oben zur Beleuchtung eine Luke sein mit Platz für einen riesigen Edelstein. Der Midrasch vermittelt, dass Noah in der ganzen Zeit, während er sich in der Arche befand, weder das Sonnen- noch das Mondlicht brauchte, und dass die Helligkeit des funkelnden Edelsteins ausreichte, um die Arche zu beleuchten. Wenn die Strahlung des Steins gering war, wusste Noah, dass Tag war, und wenn ein helles Licht schien, war Nacht.

Gott gab Noah weiterhin Anweisungen, welche Tiere in die Arche zu holen seien. Ein Paar jeder Tierart, die nicht rein war, und jeweils sieben Paare jeder reinen Tierart. Noah fragte: »Wie kann ich diesen großen Auftrag erfüllen? Bin ich ein Jäger, der jede Tierart sofort erkennen und einfangen kann?« Gott erwiderte: »Du musst sie nicht einfangen, sie werden von selbst zur Arche kommen.« Gott versprach Noah ebenfalls, dass die Vorräte, die er für seine Familie und die Tiere mitnehmen würde, ausreichend und unverderblich seien. Außerdem versicherte Gott Noah, dass ihm während des Baus weder Schaden zugefügt noch sich jemand gewaltsam Zutritt zur Arche verschaffen würde.

Gott eröffnete Noah die Geheimnisse, wie er die Bäume wachsen lassen sollte, damit sie gutes Holz in der benötigten Länge produzierten, wie lange er sie im Voraus anpflanzen sollte, um die verschiedenen Längen von 30, 50 und 300 Ellen zu erhalten, und wie lang überhaupt eine Elle war.

Noah verbrachte 120 Jahre mit dem Bau der Arche. Jeder seiner Hammerschläge war eine laute Mahnung für seine sorglosen Zeitgenossen, ihr Verhalten zu ändern, doch vergeblich ... Sie fragten Noah: »Warum bist du so beschäftigt damit, solch eine riesige Arche zu bauen?« Er antwortete: »Es ist ein Gebot Gottes, denn Er beabsichtigt, eine Sintflut auf die Erde zu schicken ...« Die Menschen lachten Noah aus und verfluchten ihn: »Wenn es tatsächlich eine Sintflut geben wird, soll sie über dein Haus kommen!« Nach und nach wurde die Arche fertig, trotz allem verletzenden Spott der Menschen, die sich nicht änderten und nicht zu Gott zurückkehren wollten. Noah und seine Söhne befestigten Brett für Brett und dichteten die Arche sorgfältig mit Pech ab.

Am siebten Tag vor der Sintflut im Jahre 1656 starb Methusalem, der Mensch, der am längsten, nämlich 969 Jahre, gelebt hatte. Gott wartete bis zum Ende der Trauerwoche, bis Er Noah und dessen Familie befahl, die Arche zusammen mit den Tieren zu betreten. Innerhalb dieser sieben Tage ließ Gott heftige Gewitter ausbrechen, begleitet von übernatürlichen Katastrophen. Flüsse überschwemmten das Land und rissen die Häuser unbarmherzig mit sich, Vulkane spuckten heiße Lava und Gestein, während die Erde bebte. Dies sollte eine letzte Warnung für die Menschheit sein. Niemand aber verstand die Botschaft, die Menschen blieben unerschütterlich in ihren bösen Absichten und ihrem schlechten Verhalten, und da keiner Buße getan hatte, ließ Gott die angekündigte Sintflut ausbrechen. Zu Anfang kam der Regen langsam vom Himmel und hätten die Menschen Reue gezeigt, wäre es ein segenvoller Regen gewesen und Gott hätte seine Entscheidung, die Welt zu zerstören, rückgängig gemacht. Doch da sich das Benehmen der Menschen nicht änderte, wandelte sich der Regen zur Sintflut. Alles wurde überschwemmt, die Menschen standen schon bis zu den Knien im Wasser und noch immer verstanden sie Gottes warnende Botschaft nicht. Die Menschen suchten verzweifelt Zuflucht auf den Hügeln und Bergen mit der Erwartung, dass die schrecklichen Gewitterfälle enden würden. Doch das Wasser stieg unaufhaltsam weiter, bis es die gesamte Erdoberfläche bedeckte. Die Fluten umspülten die Arche, die sich von der Erde erhob und in Bewegung setzte. Für alle anderen Menschen gab es von nun an kein Zurück.

Die unglaublichen Wassermengen stürzten 40 Tage und 40 Nächte lang ununterbrochen hinab. Sie vermischten sich mit den Gewässern, die aus dem Innern der Erde hervorbrachen, und bildeten wilde Strömungen, die jegliches Leben von der Erdoberfläche löschten. Die Stärke der Regenfälle nahm langsam ab, aber innerhalb der nächsten 110 Tage stieg das Wasser weiter an bis auf eine Höhe von 15 Ellen über die höchsten Berge. Dann wandte Gott sich

Noah und den Tieren in der Arche zu, um sein Bündnis mit ihm zu erfüllen und ihn mit seiner Familie zu retten. Gott ließ einen Wind über die Erde wehen, beendete den Regen, so dass schließlich nach 150 Tagen das Wasser allmählich zu sinken begann. Am 17. Tag des siebten Monats ruhte die Arche auf dem Berg Ararat in der Region Kurdistan nördlich von Mesopotamien.

Noah und seine Familie verbrachten ein ganzes Jahr auf der Arche und das war kein einfaches Jahr für sie: Keiner von ihnen konnte auch nur eine einzige Nacht durchschlafen, sie waren verantwortlich für tausende von Vögeln, wilden Tieren und Vieh, die ernährt werden mussten, jedes mit seinem speziellen Futter und jedes zu seiner Zeit. Tag für Tag mussten die Tiere gepflegt und ihre Kammern gesäubert werden.

Nachdem die Spitzen der Berge sichtbar wurden, wartete Noah noch 40 Tage, dann öffnete er die Luke und schickte einen schwarzen Raben aus, der nach kurzer Zeit zur Arche zurückkehrte. Doch Noah wollte ihn nicht wieder in die Arche aufnehmen. Der Rabe machte ihm deshalb schwere Vorwürfe und fragte: »Warum hast du mich von allen Tieren ausgewählt?« Noah antwortete ihm: »Wozu bist du nützlich? Du bist weder als Nahrung noch als Opfergabe geeignet!« Als Gott sah, dass Noah sich nicht für den Raben interessierte, sprach Er: »Nimm den Raben wieder auf, eines Tages wird man ihn brauchen.«

Tatsächlich vermittelt der Midrasch, dass die Raben den Propheten Elia ernährten, als dieser vor König Ahab flüchten musste. Sie ernährten ihn abends und morgens und versorgten ihn mit Fleisch, das sie vom Tisch des Königs Josaphat in Jerusalem genommen hatten.

Nach sieben Tagen machte Noah einen neuen Versuch und ließ eine Taube hinausfliegen, auch sie kehrte zurück, weil die Erde noch immer mit Wasser bedeckt war. Noah wartete sieben weitere Tage, bevor er sie noch einmal losschickte. Diesmal kehrte sie mit einem frischen Olivenzweig im Schnabel zurück. Noah wartete erneut sieben Tage, ließ die Taube wieder hinaus um zu sehen, ob die Erde inzwischen wieder bewohnbar war und beim dritten Mal war die Erde trocken genug. Die Taube hatte einen geeigneten Lebensraum gefunden und kehrte nicht zur Arche zurück. Noah verbrachte noch einige Wochen auf der Arche, bis Gott ihm befahl, sie zu verlassen.

Als Noah einen Fuß auf die Erde setzte, war er beim Anblick der verwüsteten Wildnis verzweifelt. Er schrie: »Herrscher der Welt, du wirst der Barmherzige genannt, du solltest Mitleid mit deinen Geschöpfen haben!« Gott antwortete: »Das sagst du jetzt? Als Ich dir verkündet habe, dass Ich die Lebewesen vernichten werde, habe Ich erwartet, dass du um Gnade für deine Mitmenschen bittest, aber als du wusstest, dass du verschont werden würdest, hast du die Sorge um deine Mitmenschen vernachlässigt. Wie kannst du mir jetzt vorwerfen, dass Ich kein Mitleid mit meinen Geschöpfen hatte?« Noah verstand, dass er einen Fehler gemacht hatte, und wollte diesen wiedergutmachen. Er beschloss, Gott ein großes Brandopfer darzubringen, und betete: »Herrscher der Welt, ich flehe dich an, niemals wieder eine Sintflut über die

Erde zu schicken.« Noahs Gebet gefiel Gott, so dass Er versprach: »Ich werde die Erde niemals mehr wegen der Menschen verfluchen und Ich werde die Menschheit nicht noch einmal auslöschen, wie Ich es getan habe. Und ich schwöre, dass niemals eine zweite Sintflut über die Erde kommen wird.« Gott schloss ein weiteres Bündnis mit Noah, zeigte ihm einen leuchtenden Regenbogen und sagte: »Wenn in Zukunft die Menschheit so uneinsichtig sein sollte, wie sie es vor der Sintflut war, werde Ich während des Regens einen Regenbogen erscheinen lassen. Die Menschen sollen sich dadurch an mein Bündnis mit dir erinnern, ihr Verhalten ändern und zu mir zurückkehren.« Gott segnete Noah und seine Familie und sagte: »Seid fruchtbar, vermehrt euch und füllt die Erde!«

Nach der Sintflut war das Leben auf der Erde nicht mehr wie vorher, die Natur verlor ihre Kraft und die Menschen mussten den Boden jedes Jahr bearbeiten, um ernten zu können. Auch die Menschen verloren ihre Stärke, so dass sie von der vegetarischen Nahrung alleine nicht mehr satt wurden. So erteilte Gott den Menschen über Noah die Erlaubnis, Fleisch zu essen.

Jahre später, als Abraham Sem begegnete, fragte er diesen: »Durch welche guten Taten haben du und deine Familie verdient, dass ihr lebend aus der Arche herausgekommen seid?« »Durch unsere Wohltätigkeit«, antwortete Sem. Abraham fragte daraufhin: »War es möglich, in der Arche wohltätig zu sein?« Sem erwiderte: »Wir waren gut zu den Tieren, die nicht sprechen konnten. Wir haben sie liebevoll gepflegt und ernährt, ohne an unsere eigene Müdigkeit zu denken.«

Der erste Wolkenkratzer der Welt: Der Turm zu Babel

Genesis 11,1–9

340 Jahre nach der Sintflut, also im Jahre 1996 nach der Schöpfung, lebten Noah und seine Familie immer noch. Sie hatten zahlreiche Kinder, Enkelkinder und sogar diese noch mehrere Generationen an Nachkommen. Unter ihnen war Nimrod, ein Enkel von Cham (einer der Söhne Noahs), ein kräftiger Riese und ein außergewöhnlich erfolgreicher Jäger. Dieser ließ sich zum König krönen.

Zu jener Zeit wurde auf der ganzen Welt nur eine einzige Sprache gesprochen, und da die Menschen keinerlei Schwierigkeiten hatten sich zu verständigen, hatten sie alle die gleichen Interessen. Sie lebten miteinander in perfekter Harmonie. Jahrelang bewohnten die Nachkommen Noahs die Täler des Berges Ararat, dort wo die Arche gestrandet war, als die Erde nach der Sintflut trocknete.

Noahs Nachkommen waren so zahlreich geworden, dass sie begannen, sich nach einem neuen Lebensraum umzuschauen, wo sie sich alle zusammen niederlassen konnten. So zogen sie von Osten weiter, bis sie schließlich die Ebenen von Schinar, Babylonien, erreichten. Der Boden war dort sehr fruchtbar, so dass alle genügend Nahrung hatten. Sie beschlossen, eine große und bedeutende Stadt zu bauen. Die Menschen sagten zueinander: »Lasst uns Lehmziegel brennen und sie zu Backsteinen formen … Lasst uns eine Stadt und einen riesigen Turm bauen mit einer Spitze bis zum Himmel …«

Es war der starke Nimrod, der die Initiative ergriff. Er wollte eine Stadt, um die gesamte Bevölkerung unterzubringen, damit sie sich nicht über die ganze Erde zerstreute. Außerdem wollte er einen gewaltigen Turm, denn er war überzeugt, dass dessen Ausstrahlung seinen eigenen Ruf und den seines Volkes vergrößern würde.

Und die Menschen begannen mit einem gigantischen Turmbau, der bei einer Höhe von über 200 Metern drei Ebenen bekommen sollte. Die Nachkommen der drei Söhne Noahs, Sem, Cham und Japhet, nahmen aktiv an den Bauarbeiten teil. Die Nachkommen von Cham jedoch, die ohne Skrupel waren, hatten die dreiste Absicht, hinaufzusteigen, um Gott den Krieg zu erklären. Die Semiten dagegen wollten ein Mahnmal für die Opfer der Sintflut errichten, deren Leichen noch immer den Boden der Schinar-Ebene bedeckten. Und Japhets Nachkommen planten, den Himmel mit mächtigen Säulen abzustützen, denn sie waren überzeugt, dass der Himmel alle 1656 Jahre einmal auf die Erde stürzen würde wie zur Zeit der Sintflut. Um das zu verhindern, hatten sie sich überlegt, vier riesige Säulen zu bauen, die erste davon im Osten in der babylonischen Ebene. Der ursprüngliche Plan, eine Stadt zu errichten, wurde niemals verwirklicht, denn alle Menschen waren nur mit dem Turmbau beschäftigt.

Die Beweggründe der Erbauer waren unterschiedlich, ebenso wie die Anzahl der zu bauenden Türme: einer oder vier. Aber alle waren sich darin einig, diesen Turm zu bauen, der bis in den Himmel reichte. Es war ein gigantisches Unternehmen und so machten sie sich an die Arbeit. Sie fanden ein fruchtbares Gebiet, in dem es jedoch keine zum Bauen geeigneten Steine gab, daher arbeiteten die Menschen mit Öfen, in denen sie Lehm zu harten Ziegeln brennen konnten. Gott ließ ihre Arbeit gut gelingen. Auf wundersame Weise passierte es, dass sich die Ziegel verdoppelten, sobald sie auf das Bauwerk gelegt wurden.

Der Turm wuchs von Tag zu Tag an Breite und Höhe, so dass zwei große Treppen hinzugebaut wurden, die eine im Osten, um die Materialien nach oben zu befördern, die andere im Westen, auf der die Arbeiter hinunterstiegen.

Die fleißigen Turmbauer waren so sehr von ihrer perfekten Konstruktion besessen, dass sie, wenn ein Ziegel herunterfiel und zerbrach, in Tränen ausbrachen und riefen: »Was für ein Unglück, ein verlorener Ziegelstein, es wird so schwierig sein, ihn zu ersetzen!« Wenn aber ein Arbeiter tragisch verunglückte, kümmerte sich niemand darum.

Nur vier Personen hatten sich nicht aktiv an dem Bau beteiligt, das waren Noah, Sem, sein Sohn Eber und ein weiterer ihrer Nachkommen: Abram, der Sohn Terachs. Dieser war zu dem Zeitpunkt 48 Jahre alt und hatte bereits verstanden, dass es außer Gott, dem allmächtigen Schöpfer der Welt, keine andere Gottheit gab. Er ging oft zu der Baustelle und versuchte, die Menschen zu überzeugen, ihr unsinniges

Projekt aufzugeben. Ohne Erfolg. Abram betete, dass Gottes Zorn auf die ungläubigen Erbauer fiel: »Entzweie sie, Ewiger, verwirre ihre Sprache!«

Da stieg Gott mit 70 Engeln vom Himmel herab, um die Fortschritte der Arbeiten zu überprüfen. In seiner Langmütigkeit wollte Gott den rebellierenden Erbauern eine letzte Chance zur Buße geben, bevor Er sie bestrafte, denn sie lebten in Frieden und Harmonie miteinander. Aber unglücklicherweise büßten sie nicht. Da sprach Gott: »Ihr böses Unternehmen konnte nur gelingen, weil sie alle durch die eine gleiche Sprache verbunden sind. Von nun an werden sie entzweit sein, weil sie nicht mehr über diese einheitliche Verständigung verfügen können.«

Bis dahin sprachen alle Menschen hebräisch, doch plötzlich redete jeder eine von 70 unterschiedlichen Sprachen und die Verwirrung war groß. Wenn einer seinen Helfer um Wasser bat, warf dieser ihm Erde zu. Der eine bat um ein Seil und der andere gab ihm stattdessen barsch eine Säge, womit er den ersten verletzte oder sogar tötete. Ein weiterer bat um einen Ziegel und ein Mitarbeiter gab ihm Lehm. Voller Wut nahm der erste einen Ziegelstein, warf ihn auf den Kopf des anderen und tötete ihn. Die Menschen verstanden sich nicht mehr und verstanden noch weniger, was mit ihnen geschehen war. Es fiel ihnen nicht ein, sich auf die Suche nach den anderen zu begeben, mit denen sie sich verständigen konnten. Die Bauarbeiten kamen nicht mehr voran, die Arbeiter wurden immer aufgeregter und brachten sich am Ende vor Wut gegenseitig um.

Gott verwirrte ihre Sprachen und verstreute sie über die ganze Erde. Die Nachkommen Jawans ließen sich in Griechenland nieder, diejenigen Mizrajims in Ägypten, die von Aschur in Assyrien und so fort. Nur einige wenige blieben in der Schinar-Ebene und nannten diesen Ort »Babel«, um an diese Ereignisse zu erinnern, denn auf Hebräisch heißt »bawel« »verwirrt«. Sie errichteten dort eine Stadt, die aber sehr viel kleiner war als die Stadt ihrer ersten große Pläne. Was sie gefürchtet hatten, als sie ihre erste Stadt planten, nämlich die Zerstreuung in alle Welt, war nun ihre Strafe geworden. Sie verstreuten sich also in kleinen Gruppen, die sich untereinander verständigen konnten, weil sie eine gemeinsame Sprache benutzten, bis viele Jahre später die ganze Erde bevölkert war.

Was ist nun aus dem Turm geworden? Der Midrasch erzählt, dass ein Drittel in der Erde versunken ist, ein anderes Drittel durch Feuer vernichtet wurde und das letzte Drittel stehen blieb. Dieses letzte Stück ist so groß, dass man die Palmen von dessen Spitze aus so klein wie Grashüpfer sieht.

Die Bindung Isaaks

Genesis 22,1–19

Die Geschichte beginnt mit den Worten »Es geschah nach diesen Dingen und Gott prüfte Abraham«. Im Jahre 2073 nach der Schöpfung der Welt hatte Abraham einen Bund mit Abimelech geschlossen, in dem sich beide Völker verpflichteten, friedlich miteinander zu leben. Dieser Vertrag war anschließend mit einem großen Festessen besiegelt worden.

Zwölf Jahre später, zu diesem Zeitpunkt war Isaak 37 Jahre alt, erinnerte Satan an dieses Fest und provozierte Gott, indem er ihm sagte: »Bei keinem der Festmahle, die Abraham veranstaltete, hat er dir ein Opfer gebracht.« Darauf antwortete Gott: »Abraham hat all diese Gesellschaften für seinen Sohn gegeben, aber wenn ich ihm gesagt hätte ›Opfere mir deinen Sohn!‹, so hätte er sich nicht geweigert.« Da bat Satan Gott darum, Abraham auf die Probe zu stellen und Gott ging darauf ein. Das Ziel dieser Prüfung war, den Menschen zu zeigen, welche die wahre Art ist, Gott zu gehorchen, und bis zu welchem Punkt Abraham und Isaak gehen konnten, um Gott zu dienen. Das Ziel war, die Ergebenheit Abrahams Gott gegenüber zu bezeugen.

Gott richtete sich also an Abraham und sprach zu ihm: »Nimm bitte deinen Sohn, deinen einzigen, den du liebst, und gehe in das Land von Moria, bringe ihn dort als Opfer auf einen der Hügel, den Ich dir zeigen werde.«

Abraham antwortete ihm: »Welchen meiner Söhne? Du weißt doch, dass ich zwei habe.« Gott erwiderte: »Deinen einzigen.« Abraham, vorgebend Gott nicht zu verstehen:

»Aber welchen? Dieser ist der einzige seiner Mutter und jener ist der einzige seiner Mutter.«

»Den, den du liebst.«

»Aber für was für einen Vater hältst Du mich? Ich liebe beide, ohne Unterschied.«

Gott war am Ende seiner Geduld: »Da du so tust, als würdest du mich nicht verstehen, sage Ich dir klar: Es ist Isaak, den Ich als Opfer will.« Eigentlich wollte Gott durch diese Steigerung (»deinen Sohn, deinen einzigen, den, den du liebst, Isaak«) die liebevolle Bindung zwischen Abraham und Isaak verstärken. Aber dann folgte auf den Ruf Gottes die direkte und einfache Antwort Abrahams: »Hier bin ich. Ich bin bereit!«

So geschah es, dass Abraham am Tag der Probe früh am Morgen aufwachte, da er es eilig hatte, das Gebot Gottes zu erfüllen. Es scheint, als ob Gott ein Wunder vollbracht hatte, indem Er Abraham schlafen ließ. In dieser Nacht hätte kein Mann, wissend, dass er am nächsten Tag seinen Sohn opfern würde, ruhig schlafen können.

Der Midrasch überliefert eine zweite Version. Es wird erzählt, dass Abraham die ganze Nacht damit verbrachte, Sarah zu überzeugen, Isaak mit ihm gehen zu lassen. Er konnte ihr nicht sagen, dass er ihren Sohn opfern würde, denn er fürchtete, sie könnte sich seinem Willen widersetzen. Also bat er sie darum, ein Fest vorzubereiten, während dessen Verlauf er ihr

Folgendes erzählte: Er, Abraham, habe bereits im Alter von drei Jahren Gott entdeckt, aber Isaak sei noch nicht darin geübt, die Gebote Gottes zu erfüllen, obwohl er erwachsen sei. Er fügte hinzu: »Es gibt einen Ort, nicht weit von hier, wo junge Menschen in Gottesfurcht erzogen werden. Ich werde Isaak dorthin bringen.« Sarah akzeptierte das, bereitete den Reiseproviant vor und nahm ihrem Mann das Versprechen ab, sich gut um ihren Sohn zu kümmern. Weinend umarmte sie Isaak und betete dafür, ihn wiedersehen zu können. Alle Anwesenden waren gerührt bei diesem Anblick, brachen ebenfalls in Tränen aus und weinten, bis der Schlaf sie übermannte. Früh am Morgen stand Abraham auf. Er befürchtete, dass Sarah ihre Meinung geändert haben könnte, und so bemühte er sich, sie nicht aufzuwecken.

Abraham sattelte selbst seinen Esel, ohne einen seiner beiden Begleiter, seinen treuen Diener Elieser oder seinen Sohn Ismael, zu fragen. Obwohl er noch sehr kräftig war, hätte er im Alter von 137 Jahren seine beiden Begleiter durchaus um Hilfe bitten können, die sie ihm sicherlich nicht verweigert hätten. Abraham wollte hiermit aber zeigen, dass nichts unter seiner Würde war, nicht einmal das Satteln eines Esels, um eine Mizwa[1] zu erfüllen.

Dann hackte er Holz für das Brandopfer, aus Sorge, dass es an dem Ort, an dem die Akeda[2] stattfinden sollte, kein Holz geben würde. Der Midrasch übermittelt, dass sich Abraham zu diesem Zweck von

1. Gebot Gottes, gute Tat oder Handlung
2. Prüfung, Probe (Hebräischer Begriff für die Bindung Isaaks)

seinem Zelt entfernte, um keinen Verdacht bei Sarah zu erregen. Die beiden Begleiter dachten, das Holz sei für die Zubereitung von Mahlzeiten für unterwegs vorgesehen. So, mit Brennholz ausgerüstet, machte sich Abraham auf die Reise.

Auch wenn die Strecke nicht weit war, ließ Gott Abraham drei Tage lang reisen, damit die Menschen nicht sagen konnten, dass Abraham keine Zeit gehabt hätte nachzudenken. Es waren Tage, in denen Abraham und Isaak sich auf Meditationen und Gebete konzentrierten.

Schon von weitem sah Abraham den Ort, eine dicke Wolke krönte den Berg, und so wusste er, dass er am Ziel seiner Reise angekommen war. Abraham sprach zu seinen beiden Begleitern: »Wir werden dorthin gehen, wir werden niederknien und Gott dienen, und wir werden wieder zu euch zurückkehren. Er sagte dies, um die anderen nicht zu beunruhigen. Auch wenn Abraham prophetisch voraussah, dass er gemeinsam mit Isaak zurückkehren würde, konnte er sich nicht vorstellen, wie Gott dieses Wunder geschehen lassen wollte.

Abraham nahm das Holz, das er gehackt hatte, und gab es Isaak. Er selbst nahm das Feuer und das scharfe Messer … Und beide gingen gemeinsam, um den göttlichen Auftrag zu erfüllen.

Auf dem Weg erschien ihm der Satan in Gestalt eines alten Mannes und versuchte, Abraham von seinem göttlichen Auftrag abzulenken. Der Teufel sagte: »Soll ein alter Mann wie du seinen Sohn töten, den er in fortgeschrittenem Alter bekam?« Abraham antwortete: »Es ist Gott selbst, der es mir aufgetragen hat, und man diskutiert Gottes Gebote nicht.« Daraufhin wandte Satan sich in Gestalt eines jungen Mannes an Isaak und sagte: »Weißt du, dass dein Vater dich opfern will?« Isaak antwortete: »Das ist nicht wichtig. Ich werde ihm folgen.« Als Satan sah, dass er die beiden Männer nicht ablenken konnte, verwandelte er sich in einen reißenden Fluss, der ihnen den Weg versperrte. Abraham und Isaak stiegen in diesen Fluss, und, als ihnen das Wasser bis zum Hals stand, sprach Abraham zu Gott: »Ich habe dir nichts verweigert, auch nicht, dir meinen geliebten Sohn zu opfern, obwohl du mir versprochen hattest, dass dein heiliger Name durch Isaak in der ganzen Welt bekannt würde. Jetzt droht dieser Fluss uns davonzutragen, und wenn ich oder mein Sohn ertrinken, wer wird dann die Einzigartigkeit deines Namens verkünden?« Deshalb ließ Gott den Fluss sofort versiegen.

Dann wandte sich Isaak an seinen Vater und fragte: »Mein Vater, hier ist das Feuer und das Holz, aber wo ist das Lamm für das Opfer?« Abraham antwortete ihm: »Elokim jire lo hasse leola beni«: »Gott wird sich das Lamm aussuchen, mein Sohn.« Die ersten Buchstaben der drei Wörter »Elokim jire lo« bilden das Wort »Ajil«, welches »Widder« bedeutet. Dieser Widder war also schon vorgesehen, um Isaak zu ersetzen.

Schließlich musste Abraham seinem Sohn die Wahrheit sagen: »Was das Opfer angeht, du wirst es sein, mein Sohn«. Isaak verstand in diesem Moment, was sein Schicksal sein würde, und die beiden gingen zusammen weiter.

Nachdem sie an dem Ort angekommen waren, errichtete Abraham einen Altar. Tatsächlich handelte es sich um den Altar, auf dem zuerst Kain und Abel geopfert hatten und dann Noah und seine Söhne nach der Sintflut. Da der Altar seit Generationen nicht mehr benutzt worden war, musste Abraham ihn wieder aufbauen. An genau diesem Ort würden später der Tempel und das Heiligtum gebaut werden.

Der Midrasch erzählt, dass Abraham Isaak die Hände und Füße auf dem Rücken zusammenband, nachdem Isaak seinem Vater gesagt hatte: »Sieh, ich bin ein junger, starker Mann und du bist bereits alt. Ich fürchte, dass ich in dem Moment, in dem ich das Messer in deinen Händen sehe, eine unfreiwillige Bewegung mache, die dich verletzen könnte. Außerdem könnte ich mich auch selbst verletzen und so unrein für das Opfer sein. Deshalb bitte ich dich darum, mich zu fesseln, so dass ich mich im Moment des Opfers nicht respektlos verhalte und daher nicht vollständig Gottes Willen erfüllen kann.« Isaak drängte seinen Vater, das Opfer durchzuführen und bat ihn, nachdem seine Leiche verbrannt sein würde, die Asche in einer Urne in das Zimmer seiner Mutter zu bringen, so dass diese sich jedes Mal an ihren Sohn erinnern und für ihn weinen möge. Isaak wusste, dass er nun jeden Moment seinem Schöpfer seine Seele anvertrauen würde, und war nicht im Geringsten an einem letzten Wunsch interessiert, den er wie ein Verurteilter hätte haben können, ähnlich einer Henkersmahlzeit. Isaak machte sich eher Sorgen darum, was aus seinen Eltern werden würde. Er wollte wissen: »Was wirst du meiner Mutter sagen, wenn sie fragt, was mir widerfahren ist?« Abraham antwortete mit Tränen in den Augen: »Mein Sohn, wir wissen, dass wir nicht viel länger nach deinem Tod auch dem Tode nahe sein werden. Aber in der Zwischenzeit wird derjenige, der uns auch vor deiner Geburt getröstet hat, uns bis zum Tag unseres Todes trösten.«

Daraufhin legte Abraham Isaak auf den Altar, der laut Midrasch nach seiner Fertigstellung so schön wie ein Hochzeitsbaldachin war. Zuvor hatte Abraham auf den Altar das Holz gelegt, nun streckte er die Hand aus und nahm das Messer, um seinen geliebten Sohn zu schächten. Einerseits war Abraham glücklich, da er den Willen Gottes erfüllte, und andererseits war er traurig darüber, seinen geliebten Sohn sterben zu sehen. Als er bereits das Messer in der Hand hielt, weinte er bittere Tränen, die genau in Isaaks Augen fielen. Alle Engel im Himmel beobachteten diese bewegende Szene, Isaak sah sie, aber Abraham nicht. Auch die Engel fingen an zu weinen und ihre Tränen fielen ebenfalls in Isaaks Augen. Sie flehten zu Gott: »Herrscher der Welt, war Abraham nicht allen Fremden gegenüber gastfreundlich? Hat er sie nicht mit dir vertraut gemacht? Hast du nicht Abraham versprochen, dass durch Isaak seine Nachkommenschaft gesichert sein würde? Willst du wirklich diese Nachkommenschaft auslöschen? Sieh, das Messer ist bereits an seiner Kehle, wie lange willst du noch warten?«

Als ein Engel Gottes Abraham rief, fragte dieser: »Wer bist du?« Und der Engel antwortete: »Ich bin ein Engel.« Abraham erwiderte: »Als Gott mir sagte, dass ich Isaak opfern sollte, hat Er selbst zu mir gesprochen. Jetzt fordere ich, dass es auch wieder Gott selbst ist, der zu mir spricht, und nicht ein Engel.«

Sofort öffnete Gott den Himmel und sprach: »Was machst du? Füge dem Jungen keinen Schaden zu.«

Gott wollte Abraham in seiner Handlung unterbrechen, indem Er ihn ansprach: »Erhebe deine Hand nicht gegen den Jungen, um ihn zu schächten, und tue ihm nichts an!« Abraham fragte Gott dann: »Bin ich also umsonst hierher gekommen? Wenn du nicht willst, dass ich ihn opfere, so lass mich wenigstens etwas von seinem Blut fließen lassen.« Aber Gott lehnte auch dies ab und sagte: »Füge ihm keinen Schaden zu, nicht einmal die geringste Verletzung.«

Abraham forderte eine Erklärung von seinem Schöpfer: »Du hast mir in einem früheren Bund versprochen, dass ich durch Isaak eine Nachkommenschaft haben werde. Ein anderes Mal hast du von mir gefordert, dass ich dir meinen Sohn geben soll. Deshalb habe ich ihn dir gebracht, um ihn dir zu opfern. Jetzt sagst du mir, dass ich meinem Kind nichts antun soll. Ich verstehe dich nicht. Hast du deine Meinung geändert, waren deine Worte nicht ernst gemeint?«

Da antwortete Gott: »Es war nie die Rede davon, dass Ich meinen Bund mit dir aufgebe. Für mich wirst du durch Isaak eine Nachkommenschaft haben. Als Ich dir sagte, dass du deinen Sohn nehmen sollst, habe Ich dir nicht gesagt ›Schächte ihn!‹, sondern Ich habe gesagt ›Hebe ihn auf den Altar.‹[3] Nun, da du ihn auf den Altar gehoben hast, hast du mein Gebot zur Vollkommenheit erfüllt. Jetzt befehle Ich dir: Hole ihn von dem Altar herunter.«

3. wörtliche Übersetzung aus dem Hebräischen im Sinne von »opfern«

Abraham antwortete Gott: »Herrscher der Welt, ich schwöre, dass ich mit Isaak nicht von dem Altar heruntersteigen werde, bis du mein Gesuch erhört hast. Du hast mir versprochen, dass ich durch Isaak eine Nachkommenschaft haben werde. Dann, als du mir befahlst, ihn zu opfern, habe ich alle meine väterlichen Gefühle verdrängt und nicht gezögert. Jetzt flehe ich dich an, erfülle mir folgende Bitte: Wenn meine oder Isaaks Nachfahren sündig werden oder unterdrückt werden, dann erinnere dich an die Akeda und betrachte sie so, als ob Isaaks Asche wirklich auf dem Altar gelegen hätte und als ob sein Blut tatsächlich auf dem Altar geflossen wäre, damit du dann diesen Nachfahren vergeben kannst.«

Gott änderte seine Meinung nicht, Abraham aber holte seinen Sohn vom Altar herunter. Gott sagte zu Abraham: »Jetzt bin ich sicher, dass du ein gottesfürchtiger Mann bist und dass du mir deinen Sohn nicht verweigert hast. Ich wusste es und Ich habe es immer gewusst! Aber jetzt habe Ich ein Argument gegen Satan, der mich provoziert hat.«

Auf das Flehen Abrahams am Altar für die Vergebung seiner zukünftigen Nachfahren antwortete Gott, dass Er einmal im Jahr, zu Rosch Haschana (das jüdische Neujahr), über die gesamte Menschheit richten werde. Und wenn die zukünftigen Nachfahren Abrahams dank der Akeda auf Vergebung ihrer Sünden Anspruch erheben wollten, müssten diese nur das Schofar[4] blasen. Daraufhin fragte Abraham Gott:

4. Widderhorn, das an den Gottesdiensten des jüdischen Neujahrs, Rosch Haschana, verwendet wird

»Was ist ein Schofar?« Gott sagte: »Dreh dich um.« Als Abraham dies tat, sah er einen stattlichen Widder in einem nahen Gebüsch.

Die Thora sagt uns, dass der Widder mit den Hörnern in einem Strauch verfangen war und sich nicht bewegen konnte. Ein Midrasch erzählt ergänzend zur Thora, Gott hätte bewirkt, dass sich das Tier im Gebüsch verfing, damit Abraham den Widder leichter fangen konnte, ohne ihn zu verletzen.

Abraham war nicht sicher, dass es sich wirklich um den Widder handelte, den Gott vorgesehen hatte, denn Satan war immer noch in der Nähe, um Abraham von seiner Aufgabe abzubringen. Gott ließ es zu, dass der Widder sich befreite und auf Abraham zulief. Nach zwei Schritten war er jedoch wieder im Gebüsch verfangen. So geschah es mehrere Male, bis Abraham sicher war, dass es sich wirklich um den von Gott vorgesehenen Widder handelte.

Nachdem er den Widder anstelle seines Sohnes genommen und auf dem Altar geopfert hatte, nannte Abraham den Ort »Haschem jire«, »Gott wird sehen«. Das heißt, Gott wird den Ort suchen und wählen, an dem er sein wird, an dem Opfer dargebracht werden, was auf den zukünftigen Tempel Jerusalems hinweist. »Haschem jire«, der Name dieses denkwürdigen Ortes, ist also die Basis des Namens von Jerusalem.

Auf der Suche nach einer Frau für Isaak

Genesis 24,2–67

Nach der Bindung Isaaks erschien der Satan Sarah, und erzählte ihr hinterhältigerweise, dass Abraham ihren Sohn geopfert hätte. Als Sarah diese entsetzliche Nachricht hörte, starb sie vor Kummer. In der Zwischenzeit hatte Abraham seinen Sohn in die Jeschiwa[5] von Sem nach Jerusalem geschickt und kehrte nach Beerseba zurück. Dort fand er seine liebe Frau tot und kümmerte sich um ihre Beerdigung in der Machpela-Höhle auf einem Feld in Hebron, das er für 400 Silbermünzen gekauft hatte.

Abraham war nun ein alter Mann und Gott hatte ihn mit allem gesegnet, womit ein sterblicher Mensch auf dieser Welt gesegnet sein konnte. Er rief seinen ältesten Diener Elieser zu sich und ließ ihn schwören, dass dieser für Isaak keine Ehefrau unter den Kanaanitern nahm, nicht einmal eines der tugendhaftesten Mädchen aus der Umgebung, sondern eine Frau aus seiner Verwandtschaft daheim im Land Ur.

Elieser fragte ihn: »Wenn mir die Frau nicht mit in dieses Land folgen möchte, soll ich dann deinen Sohn zurück in deine Heimat führen?« Abraham antwortete ihm, dass sein Sohn durch die Bindung auf dem

5. Thora-Lernstätte

Berg Moria geweiht worden war, deshalb dürfte er das Land Israel nicht verlassen. »Aber«, fügte er hinzu, »möge Gott, dem ich diene und dessen Ruhm ich allen verkündete, dir seinen Engel schicken, um dir bei deinem Auftrag zu helfen. Doch wenn das Mädchen aus meiner Verwandtschaft sich weigern sollte, mit dir zu kommen, wirst du von deinem Schwur befreit sein. Dann kannst du für meinen Sohn eines der tugendhaften Mädchen aus der Nachbarschaft wählen.«

Elieser beteuerte Abraham seine Loyalität und bereitete seine weite Reise vor. Er belud zehn Kamele mit verschiedenen Geschenken sowie zahlreichen goldenen Schmuckstücken und machte sich auf den Weg. Wie Abraham es ihm versprochen hatte, wurde er von einem Engel begleitet. Es war sogar noch ein zweiter Engel dabei, der Isaaks zukünftige Frau dazu bringen sollte, Elieser zum richtigen Moment und am richtigen Ort zu begegnen.

Als Elieser in Charan ankam, wo die Verwandten Abrahams lebten, ließ er die Kamele neben dem Brunnen ausruhen und wandte seine Gebete zu Gott: »Ewiger, Gott meines Herrn Abraham, sei barmherzig mit meinem Meister und erlaube mir, heute meinen Auftrag zu erfüllen. Ich stehe an diesem Brunnen und bald werden die Töchter der Stadt kommen, um Wasser zu schöpfen. Lass die junge Frau, die ich um Wasser bitten werde und die mir antwortet: »Trink, und auch deine Kamele werde ich tränken«, diejenige sein, die du für Isaak bestimmt hast.«

Das Gebet Eliesers wurde sofort erhört, sogar bevor er die letzten Worte ausgesprochen hatte, verließ ein schönes Mädchen namens Rebekka das Haus in

Richtung Brunnen, denn der zweite Begleitengel Eliesers hatte seine Aufgabe vollbracht.

Sobald Elieser Rebekka vor dem Brunnen sah, hatte er die Vorahnung, dass sie die für Isaak bestimmte Frau war. Als sie ihren Krug gefüllt hatte, näherte sich Elieser und bat: »Bitte lass mich etwas von deinem Wasser trinken!« Obwohl er ein Fremder war, antwortete sie ihm freundlich: »Trink, soviel du willst!« Nachdem Elieser getrunken hatte, fuhr sie fort: »Ich werde auch für deine Kamele Wasser schöpfen, bis sie genug getrunken haben.« Sie setzte ihre Worte in die Tat um, eilte zu dem Brunnen und schöpfte dort so lange Wasser, bis alle zehn Kamele genug getrunken hatten. Während dieser Zeit beobachtete Elieser sie aufmerksam und versuchte herauszufinden, ob Gott tatsächlich seine Gebete erhört hatte und ob sie wirklich aus Abrahams Familie stammte.

Als die Kamele ihren Durst gestillt hatten, war Elieser überzeugt, dass Gott ihm in seinem Auftrag Erfolg geschenkt hatte, denn die außergewöhnliche Tat Rebekkas war von derselben Art wie Abrahams uneingeschränkte Gastfreundschaft. Er nahm aus seiner Tasche eine Goldkette und zwei goldene Armreifen, die er Rebekka anlegte. Dann fragte Elieser sie: »Wessen Tochter bist du? Gibt es in deinem Haus Platz, damit ich dort übernachten kann?« Rebekka antwortete, dass sie die Tochter von Bethuel aus Abrahams Familie sei und sprach: »Wir haben Stroh und Futter für die Kamele und Platz, um dich so lange zu beherbergen, wie du es wünschst.« Elieser kniete nieder, um Gott für seinen erfolgreichen Auftrag zu danken, währenddessen lief Rebekka nach

Hause und erzählte ihren Eltern, was geschehen war. Ihr Bruder Laban ging in der Zeit dem ehrenwerten Gast am Brunnen entgegen und begleitete ihn in das elterliche Haus.

In Bethuels Haus fütterte Elieser seine treuen Kamele, wusch seine schmutzigen Füße und die seiner Diener, bevor er sich mit Bethuels Familie zu Tisch setzte. Das Essen wurde serviert, aber Elieser sprach: »Ich kann nicht essen, bevor ich meine Aufgabe beendet habe.« Die Anwesenden hörten interessiert zu, als er erzählte, dass er der Diener Abrahams sei und dass Gott seinen Herrn reich gesegnet und mit kostbarem Gold, Silber, Dienern, Kamelen sowie Eseln belohnt hatte und dass Gott Abraham noch im hohen Alter einen Sohn, Isaak, geschenkt hatte. Nun habe Abraham ihn zu seinen Verwandten geschickt, um eine passende Frau für Isaak mitzubringen. Er erzählte auch, um welches Zeichen er Gott gebeten hatte, um die Richtige zu finden. Elieser beendete seine Rede mit der Frage: »Jetzt sagt mir, wollt ihr meinem Herrn Gunst und Treue erweisen?« Laban und Bethuel antworteten wie aus einem Munde: »Die Sache ist von Gott entschieden, wir können sie nicht verhindern. Nimm Rebekka und bringe sie deinem Herrn als Frau für seinen Sohn!«

Als Elieser ihr Einverständnis vernahm, kniete er erneut nieder und dankte Gott. Er verteilte Geschirr aus Gold und Silber sowie schöne Kleider für Rebekka als Verlobungsgeschenk. Erst danach war Elieser bereit, mit seinen Gastgebern die Mahlzeit einzunehmen, die nun zu einem richtigen Verlobungsfest geworden war.

Bethuel starb in der folgenden Nacht, und als Elieser am nächsten Morgen um die Erlaubnis bat, mit Rebekka zurück zu Abraham zu reisen, antworteten Laban und Rebekkas Mutter: »Nein, lass das Mädchen hier bleiben, wenigstens die sieben Trauertage um ihren Vater und zusätzlich noch ein Jahr, damit sie ihre Mitgift vorbereiten kann.« Elieser sah seinen Begleitengel, der ihn vor dem Haus erwartete, und erwiderte: »Ich muss gehen, haltet mich nicht zurück, ihr habt gehört, wie Gott mir beigestanden hat, meinen Auftrag so schnell wie möglich zu erfüllen.« Laban und seine Mutter sagten: »Lasst uns Rebekka rufen und sie nach ihrer Meinung fragen.«

Als Rebekka im Haus eingetroffen war, fragten sie sie in einem geringschätzigen Ton: »Hast du wirklich vor, mit diesem Mann zu gehen?« Rebekka antwortete: »Ich werde freiwillig gehen, selbst wenn ihr dagegen seid!« Sie war glücklich, ihre Familie und ihre vertraute Heimat verlassen zu können, um die Frau des gerechten Isaak zu werden, denn sie war wie eine zarte Rose unter stachligen Dornen aufgewachsen, in einer Stadt voller unverschämter Schwindler und Götzendiener.

Da Rebekkas Familie schon am Vorabend ihr Einverständnis gegeben hatte und sie selbst bereit war, freiwillig mit Elieser zu Abraham und Isaak zu gehen, blieben der Mutter und dem Bruder nun nichts mehr, als Rebekka zu segnen: »Liebe Tochter, meine Schwester, mögest du zu tausend Myriaden werden und mögen deine Nachkommen das Tor ihrer Feinde einnehmen!«

Elieser und Rebekka verließen Charan, jeweils mit ihrem Gefolge. Elieser zog mit seinen Dienern voran und Rebekka folgte mit ihrer Amme Debora. Als sie im Land Kanaan ankamen, war es Nachmittag, und Isaak befand sich auf den Feldern, um zu beten. Sobald Rebekka auf den Feldern die edle Silhouette dieses Mannes sah, fragte sie Elieser: »Wer ist der stattliche Mann dort, der uns entgegenkommt?« Der Diener antwortete: »Das ist er, Isaak.« Allein durch den Anblick Isaaks war Rebekka wie gebannt vor Begeisterung. Sie nahm ihren Schleier, hüllte sich bescheiden ein und glücklich dankte sie Gott, dass Er ihr Isaak als Ehemann auserwählt hatte, der so viel Heiligkeit ausstrahlte.

Elieser brachte Rebekka zu Abraham und Isaak und erzählte ihnen alle Wunder, die er erfahren hatte. Abraham und Isaak lobten Gott für den Erfolg von Eliesers Auftrag und bereiteten die Hochzeit vor.

Drei Jahre waren seit Sarahs Tod vergangen, während derer Isaak um seine geschätzte Mutter getrauert hatte. Jedes Mal, wenn er in ihr Zelt ging, fand er es dunkel vor. Als Sarah noch lebte, brannte in dem Zelt ein Licht vom Vorabend des Schabbat bis zum nächsten Schabbat, doch nach ihrem Tod war das Licht erloschen. Erst als Rebekka das Zelt betrat, entzündete sich das Licht erneut. Isaak heiratete Rebekka, liebte sie, fand Trost bei seiner Frau und trauerte nicht länger um seine Mutter.

Das verkaufte Erstgeburtsrecht

Genesis 25,19–34; 27,1–40

In den zwanzig Jahren, die der Hochzeit mit Isaak folgten, hatte Rebekka noch immer keinen Nachwuchs. So gingen sie beide auf den Berg Moria an denselben Ort, an dem Isaak 23 Jahre zuvor gebunden worden war. Sie beteten inständig zu Gott, dass sie Kinder bekämen.

Ihr beharrliches Flehen wurde erhört, doch Rebekkas Schwangerschaft war ungewöhnlich schmerzhaft. Diesmal ging Rebekka zu der Jeschiwa von Sem und betete dort, dass Gott Erbarmen mit ihr haben möge. Sem prophezeite ihr, dass sie Zwillinge bekommen und dass sie die Mutter zweier großer Völker werden würde: »Noch sind sie zusammen, aber sobald sie geboren werden, wird die Welt zu klein sein, um in Frieden miteinander leben zu können. Wie kannst du da erwarten, dass sie sich in deinem Bauch gut vertragen?«

Einige Monate später gebar Rebekka Zwillinge. Der erste war völlig entwickelt, rötlich und behaart, deshalb wurde er Esau (Essaw) genannt, was »schon entwickelt« bedeutet. Der andere hatte bei der Geburt Esaus Ferse in der Hand, deswegen bekam er den Namen Jakob (Jaakow), denn Ferse heißt auf Hebräisch »Akew«. Gleich nach ihrer Geburt hatten die Zwillinge ihre eigene Persönlichkeit und jeder entwickelte sich in eine andere Richtung. Als sie klein waren, besuchten sie gemeinsam die Jeschiwa. Jakob war ein Junge, der fleißig die Thora lernte und deren Gebote erfüllte, Esau aber hatte schon früh gelernt, seine Umgebung zu betrügen und nur den Anschein eines frommen Jungen zu wahren. Mit 13 Jahren besuchte Jakob die Thora-Schulen, Esau aber die heidnischen Tempel. Als sie erwachsen waren, wurde Esau ein talentierter Jäger, ein Mann der Wildnis, Jakob jedoch war sanft und widmete sich fleißig dem Thoralernen in seinem Zelt. Die Eltern hatten beide ihre Lieblingskinder: Isaak liebte Esau, der ihn mit seiner Jagd ernährte, während die tugendhafte Rebekka Jakob bevorzugte.

Solange Abraham lebte, verbarg Esau seine wahre Natur. Als ihr Großvater Abraham 2123 nach der Schöpfung im Alter von 175 Jahren starb, waren die Zwillinge 15 Jahre alt. An diesem Tag war Esau zur Jagd gegangen, Isaak trauerte um seinen Vater und Jakob ging in das Küchenzelt, um ein leckeres Linsengericht für seinen Vater zuzubereiten, denn Linsen sind die Speise, die man Trauernden serviert.

Esau hatte eine besonders anstrengende, aber erfolgreiche Jagd hinter sich, außerdem hatte er den König Nimrod getötet, um dessen Gewand zu stehlen. Er kam erschöpft nach Hause und als er seinen Bruder die Linsen kochen sah, fragte er ihn: »Warum gibst du dir so viel Mühe, solch ein aufwendiges Gericht zu kochen? Es gibt andere Gerichte, die sich viel schneller zubereiten lassen.« Jakob erwiderte: »Du hast sicherlich die traurige Nachricht gehört, dass unser Großvater Abraham heute gestorben ist und dass unser Vater um ihn trauert. Für ihn koche ich diese

Trauermahlzeit.« Esau grinste: »Was, der alte Mann wurde schon aus dieser aufregenden Welt gerissen? Er lebte nicht mal einige hundert Jahre, er ist für immer fort und wird nie wieder aufstehen! Genauso wie Adam und Noah ist er einen ewigen Tod gestorben!« Mit diesen deutlichen Worten hatte Esau jegliches künftiges Leben und die Auferstehung der Toten verneint.

Esau sah, dass das Linsengericht fertig war, dass Jakob einen Krug Wein geholt hatte und sagte zu seinem Bruder: »Ich bin so müde und geschafft von meinem anstrengenden Tag, dass ich nicht mehr die Kraft habe, das Essen auch nur anzuheben. Gieß es mir einfach in meinen Mund!« Jakob war sprachlos, wie konnte so ein gefühlloser Mann das zukünftige Haupt der Familie sein? Er entschied sich, auf den Wunsch seines Bruders einzugehen, allerdings nicht ohne eine Gegenleistung. So wollte er für das Linsengericht das Erstgeburtsrecht eintauschen. »Ich habe diese Speise für unseren Vater gekocht, deshalb möchte ich nun nicht deinetwegen das Verdienst für diese Mizwa verlieren. Wenn du noch etwas wartest, mache ich dir ein anderes Essen. Aber wenn du sofort essen willst, dann gebe ich dir diese Linsen, doch unter der Bedingung, dass du mir dein Erstgeburtsrecht verkaufst. Nur unter diesen Umständen kann ich die Mizwa, die Eltern zu ehren, vernachlässigen mit dem Ziel, eine andere Mizwa zu gewinnen, nämlich das Erstgeburtsrecht zu erwerben.«

Esau antwortete auf dieses Angebot verächtlich: »Was habe ich von meinem Erstgeburtsrecht? Ich bin ein Jäger und kann jederzeit von den wilden Tieren da draußen getötet werden. Wenn ich erst mal tot bin, nützt mir dieses Recht gar nichts mehr.« Jakob kannte seinen Bruder und wusste, dass dieser, wenn er großen Hunger hatte, alles versprechen konnte. Doch er hatte kein Vertrauen zu ihm, deswegen forderte er von Esau bei dem Leben ihres Vaters zu schwören, dass der Verkauf des Erstgeburtsrechts für ewig gültig sei. Und Esau schwur. Dem Midrasch nach billigte sogar der Himmel den Tausch, denn Gott bezeichnet in der Thora (Exodus 4,22) die Nachkommen Jakobs als »Israel ist mein Sohn, mein Erstgeborener«. Jakob bezahlte Esau außerdem mit Gold, die Mahlzeit aber besiegelte den Pakt. Esau aß, trank und verspottete Jakob, dem er sein verschmähtes Erstgeburtsrecht übergeben hatte.

Einige Jahre später war Isaak mit seinen 123 Jahren erblindet. So rief er seinen ältesten Sohn Esau, den er bevorzugte und den er segnen wollte, zu sich und sagte: »Mein Sohn, wie du siehst, bin ich alt geworden und werde bald sterben. Heute ist ein Feiertag, den unsere Nachkommen als das Passahfest feiern werden, indem sie ein Lamm opfern. Als Gegenleistung wird Gott die Welt mit Tau segnen. Ich möchte dir heute auch meinen Segen schenken. Deshalb nimm deine Jagdausrüstung, deinen Köcher und deinen Bogen, gehe hinaus in die Felder und jage für mich ein Wild. Danach bereite mir ein Gericht, wie ich es gerne mag, denn wegen meiner Blindheit kann ich mich nicht mehr an dem Anblick von Essen, sondern nur noch an seinem Geschmack erfreuen. Bringe es mir dann, damit ich es mit Freuden genieße, denn wenn ich fröhlich bin, weilt Gottes Geist in mir, so dass ich mich in der Lage fühle, dich zu segnen, bevor ich sterbe.«

Rebekka hatte das Gespräch zwischen Isaak und Esau gehört und setzte sich nun dafür ein, dass Esau diesen Segen nicht erhielt, denn auch sie hatte erkannt, dass er ein gemeiner Betrüger war, der seinen alten Vater hinterging. Zudem hatte er sein Erstgeburtsrecht verachtet und verkauft, er hatte den kostbaren Segen nicht verdient. So rief sie Jakob und befahl ihm: »Bring mir zwei junge Ziegenböcke, damit ich einen davon für deinen Vater nach seinem Geschmack zubereiten und den anderen für das Passah-Opfer verwenden kann. Dann kannst du deinem Vater das Fleisch servieren und ihn glauben lassen, du seiest Esau.«

Doch Jakob protestierte: »Wie kann ich so etwas tun? Esau ist behaart, ich bin es nicht, und wenn mein Vater mich betastet, wäre ich in seinen Augen ein Betrüger und hätte seinen Fluch, aber nicht seinen Segen verdient. Dann bekäme ich nicht einmal den Segen, der mir zustünde, nachdem er Esau gesegnet hat.« Seine Mutter beruhigte ihn: »Hab keine Angst, selbst wenn er den Schwindel entdeckt, würde er mir die Schuld geben. Er würde mich zu sich rufen und ich würde ihm sagen, dass du ein Gerechter bist und dass Esau ein Sünder ist.

Jakob gehorchte seiner Mutter und holte ihr, gegen seine Überzeugung, die zwei Ziegenböcke. Rebekka bereitete die Speise zu und befahl ihrem Lieblingssohn, Kleidungsstücke von Esau anzuziehen und so das Gericht zu seinem Vater zu bringen. In weiser Voraussicht band sie noch Fellstücke um Jakobs

Nacken und Hände und so ging er mit dem fertigen Essen zu Isaaks Zelt. Als er eintrat, füllte sich der Raum mit dem himmlischen Duft des Garten Eden. Isaak war verwundert und fragte: »Wer bist du, mein Sohn?« Jakob antwortete unsicher: »Ich bin … Esau … dein Erstgeborener. Richte dich bitte auf und iss von dem Fleisch, das ich für dich gejagt habe, so dass deine Seele mich segnen kann.«

Isaak fragte weiter: »Wie kann es sein, dass du so schnell zurück bist?« Worauf Jakob erwiderte: »Der Ewige, dein Gott, hat es mir entgegenlaufen lassen.« Nun war Isaak verwirrt, denn diese Rede klang nicht nach Esau, der niemals bitte sagte oder Gottes Namen über seine Lippen brachte. Dies musste Jakob sein. »Komm bitte näher zu mir, mein Sohn«, sagte er, »ich will dich anfassen, um sicher zu sein, dass du wirklich mein Sohn Esau bist.« Als Jakob diese Worte hörte, verließ ihn der Mut und seine Knie wurden weich. Trotz des großen Schreckens stellte er sich neben seinen Vater, der ihn betastete. Dieser war jetzt noch verwirrter und sprach: »Die Stimme ist Jakobs Stimme, aber die Hände sind Esaus Hände.« Isaak erkannte Jakob nicht, weil seine Hände behaart wie die seines Bruders Esau waren. Isaak aß, trank und bat seinen Sohn, ihn zu küssen. Dabei roch er den paradiesischen Duft ganz aus der Nähe, verstand, dass der Träger dieser Kleidung ein Gerechter sein musste und segnete seinen Sohn. »Siehe, der Duft meines Sohnes ist wie der Duft eines Feldes, das Gott gesegnet hat.« Da es die Passah-Zeit war, wurde Jakob mit dem Tau des Himmels, der Üppigkeit der Erde, reichlich Getreide und Wein als Segen beschenkt.

Doch als Isaak seinen Segen beendet und Jakob gerade seinen Vater verlassen hatte, kam Esau von der Jagd zurück und bereitete ein schmackhaftes Gericht zu, das er seinem Vater brachte. »Setz dich auf, Vater, und iss von dem Wild, das ich dir gejagt habe, damit du mich anschließend segnest.« Isaak fragte: »Wer bist du?« Esau antwortete: »Ich bin dein Sohn, dein Erstgeborener, Esau.«

Isaak erschrak fürchterlich: »Wer war dann jener, der ein Wild erjagt und mir gebracht hat, so dass ich von allem aß und ihn dann segnete, bevor du kamst?«

Esau verstand sofort, dass sein Bruder ihm zuvorgekommen war und beklagte sich: »Es ist kein Wunder, dass Jakob von dir einen Segen erzwungen hat, nachdem er dich mit gutem Fleisch ernährt hat! Mir gab er nur einen Teller voll Linsen im Tausch gegen mein Erstgeburtsrecht!« Isaak war erleichtert, als er diese Beschwerde hörte, und sagte: »Ist das tatsächlich so? Hat er dir wirklich dein Erstgeburtsrecht abgekauft? Ich fürchtete, dass ich gesündigt habe, indem ich den Jüngeren vor dem Älteren segnete. Doch jetzt, da ich den richtigen Erstgeborenen gesegnet habe, soll er auch gesegnet bleiben!«

Als Esau diese Worte hörte, brach er in bitterliches Geschrei aus, denn ihm waren das Erstgeburtsrecht und der Segen genommen. Er bettelte: »Segne mich auch, Vater!« Isaak sagte: »Dein Bruder kam zuerst, ehrte mich und nahm deinen Segen.«

»Hast du für mich nicht wenigstens einen Segen aufgehoben?«, beklagte sich Esau. Isaak hatte Mitleid mit ihm und wollte ihn trotz allem segnen, doch Gottes Geist hatte ihn verlassen. Schließlich sprach er:

»Siehe, du wirst dort leben, wo der Boden üppig ist und wo der Tau vom Himmel fällt. Möge Gott dich in dieser Welt segnen, ohne darauf zu schauen, ob du dazu würdig bist oder nicht. Solange du dein Schwert zurück in seine Scheide steckst und Jakob keinen Schaden zufügst, wirst du leben. Nur wenn dein Bruder das Joch der Thora abwerfen wird, darfst du Zerstörung über ihn bringen und ihn beherrschen.«

Esau aber nahm sich fest vor, seinen Bruder zu töten. Um dieses Blutbad zu verhindern, beschloss Rebekka, Jakob in Sicherheit zu bringen und ihn zu ihren Verwandten nach Charan zu schicken. Gott bewilligte ihre Entscheidung und sorgte dafür, dass Jakob in Charan heiratete und eine große Familie gründete. So begann die Verwirklichung von Jakobs Segen.

Jakobs Traum: eine Prophezeiung des Exils

Genesis 28,10–17

Jakob verließ Beerseba und ging nach Charan …

Nachdem Jakob den Segen seines Vaters Isaak anstelle seines Bruders Esau erhalten hatte, riet ihm seine Mutter Rebekka, nach Charan zu fliehen, um Esaus Wut zu entgehen und um eine Frau aus ihrer Familie zu heiraten. Jakob entschloss sich, zuerst in die Jeschiwa von Eber zu gehen und dort mit ihm die Thora zu lernen. Erst als er 14 Jahre bei Eber verbracht hatte, fühlte Jakob sich bereit, die Reise nach Charan fortzusetzen.

Unterwegs kam Jakob an einem Ort vorbei, an dem er übernachten wollte. Dieser Ort hatte eine Besonderheit, es war dieselbe Stelle, an der 83 Jahre zuvor Abraham seinen Sohn Isaak opfern sollte. Dort wollte Jakob beten.

Der Midrasch vermittelt, dass Jakob vorhatte, nach dem Gebet seinen Weg nach Charan fortzusetzen. Aber Gott sprach: »Dieser Gerechte ist zu meiner Wohnstätte gekommen und hat mich mit seinen innigen Gebeten geehrt. Kann Ich ihn gehen lassen, ohne dass er hier die Nacht verbringt?« Gleich darauf brachte Gott die Sonne dazu, vor ihrer Zeit unterzugehen, damit Jakob gezwungen war, an diesem heiligen Ort zu übernachten. Jakob nahm einige Steine fort, um sie schützend um seinen Kopf zu legen.

Dem Midrasch nach handelte es sich um zwölf Steine. Jeder von ihnen belebte sich auf wundersame Weise und die Steine begannen sich zu streiten, da jeder wollte, dass dieser Gerechte seinen Kopf auf ihn legte. Gott vollbrachte ein weiteres Wunder: Die zwölf Steine verwandelten sich zu einem einzigen. Dieser Stein wurde unter Jakobs Kopf so weich und bequem wie ein Kissen.

Kaum hatte Jakob sich hingelegt, schlief er ein und begann zu träumen: Eine lange Leiter stand etwas über der Erde und ragte bis in den Himmel hinauf und Engel stiegen auf dieser Leiter herauf und herab. Über den Engeln stand Gott und sprach zu ihm. Es waren die Begleitengel Jakobs im Heiligen Land, die dieses nicht verlassen konnten und an der Grenze Israels wieder gen Himmel hinaufstiegen, sowie andere herabsteigende Begleitengel, die Jakob auf seiner weiten Reise nach Charan beistehen sollten.

Laut eines anderen Midrasch handelte es sich um vier Engel, die auf der Leiter herauf- und herabgingen; sie symbolisierten die vier Nationen, die aufstreben würden, dann Israel unterdrücken und danach niederfallen würden. Da war zunächst der Engel, der für das Babylonische Reich stand, dieser erklomm 70 Sprossen der Leiter nach oben, um dann wieder abzusteigen. Diese 70 Sprossen stellten die 70 Jahre dar, die Israel unter der babylonischen Herrschaft stand. Dann gab es den Engel des Reiches Medien, der 52 Jahre lang Israel beherrschte. Dieser erkletterte 52 Sprossen und stieg wieder hinunter. Der nächste war der Engel Griechenlands und nahm 180 Sprossen, was bedeutete, dass er während 180 Jahren Israel unterdrückte, bevor sein Niedergang einsetzte. Dann sah Jakob den vierten Engel von Edom, den Stellvertreter für das Römische Reich, der das heutige Exil symbolisierte. Er sah den Engel eine Sprosse nach der anderen emporsteigen, immer weiter nach oben, doch er sah ihn nicht hinuntergehen. Jakob erschrak bei dem Anblick dieses Engels, der sich in den höchsten Höhen behauptete und sich für Gott selbst hielt. Der ununterbrochene Aufstieg war eine Anspielung auf das lang anhaltende römische Exil.

Jakob glaubte, dass diese fremde Herrschaft ewig währen würde. Gott versicherte ihm, dass auch dieser Engel, wie die drei anderen, einmal wieder hinabsteigen werde. Außerdem versprach Gott, dass Er ihn und seine Nachkommen, während sie in Verbannung lebten, immer schützen werde und dass Er sie eines Tages zurück nach Israel führen werde. Gott bot Jakob an, dass auch er die Leiter erklimmen sollte. Doch Jakob hatte Angst und sagte: »Vielleicht muss auch ich, wie diese herauf- und herabsteigenden Engel, wieder hinuntersteigen?« Gott versicherte ihm, dass er, wenn er die Leiter betrat, nicht wieder heruntermüsse. Dennoch konnte Jakob es nicht glauben. Er hatte kein Vertrauen in seine eigenen Fähigkeiten, rein und sündenlos zu bleiben. Er befürchtete, dass eventuelle Sünden, die er begehen könnte, Gottes Segen in Gefahr brächten. So betrat er die Leiter also nicht.

Gott sagte darauf zu Jakob: »Wenn du unerschütterliches Vertrauen gehabt hättest und wenn du hinaufgestiegen wärst, hättest du nicht herunterkommen müssen. Jetzt sind deine Nachkommen dazu bestimmt, von den vier Reichen beherrscht zu werden.«

Jakob war tief erschüttert und fragte: »Wird das bis in alle Ewigkeit dauern?« Gott beruhigte ihn und versprach, dass Er letztlich das jüdische Volk erlösen werde.

In dem Traum zeigte Gott Jakob das Land Kanaan, das zukünftige Israel, in dem die Nachfahren Jakobs leben werden, und Er versprach ihm, dass seine Nachkommen so unzählbar sein werden wie der Staub auf der Erde und dass sie sich in alle Himmelsrichtungen ausbreiten werden.

Gott versprach ihm auch, dass Er ihn auf all seinen Wegen beschützen würde und dass Er ihn an diesen Ort zurückbringen würde …

Jakob erwachte am Morgen voller Schrecken. Er hatte nicht gewusst, wie heilig dieser Ort war, sonst hätte er dort nicht geschlafen. Aber es war Gottes Absicht, dass Jakob dort schlief, gerade weil es seine Wohnstätte und das Tor zum Himmel war: Der Ort, an dem später der prächtige Tempel Jerusalems errichtet werden würde und der geeignete Ort für alle Gebete.

Zwanzig Jahre später, nachdem Jakob eine Familie gegründet und Reichtümer angesammelt hatte, kehrte er nach Israel zurück und wiederum begegneten ihm Engel.

Der Midrasch erzählt, dass Jakob an der Grenze Israels zwei Legionen von insgesamt 600.000 Engeln traf. Eine Gruppe waren diejenigen, die ihm in den letzten zwanzig Jahren während seiner Diaspora bei Laban beistanden. Die andere Gruppe bestand aus den Engeln, die ihn in Israel begleiten und bei ihm bleiben würden. Die Engel sangen und tanzten vor ihm, um seine Rückkehr nach Israel, dem Heiligen Land, würdig zu feiern.

Der Kreis hatte sich geschlossen, am gleichen Ort, zwanzig Jahre später, war der Traum Wirklichkeit geworden. Die Realität wurde zur Prophezeiung: Die 600.000 Engel stehen für die 600.000 Menschen, die nach den vierzig Jahren in der Wüste Sinai unter der Leitung von Josua das Land Israel erobern werden.

Jakob und Rachel: Eine uralte Liebesgeschichte

Genesis 29,1–30

Die Begegnung Jakobs mit Rachel gehört zu den ersten Liebesgeschichten der Thora, auch wenn sie nicht die erste ist, denn schon Adam liebte Eva, Abraham Sarah und Isaak Rebekka. Nun ist die Thora sehr verschwiegen über die Einzelheiten dieser Liebesbeziehungen. Die erwähnten Geschichten werden mit zwei Worten zusammengefasst: Er liebte sie und erkannte sie. Mit anderen Worten: Er empfand für sie ein Gefühl der Liebe und es kam zum Zeugungsakt, durch den eine neue Generation entstand. Die Thora erzählt nicht, welche Worte der Mann zu seiner Frau sagte, was für Geschenke er ihr als Zeichen seiner Liebe machte, wie lange sie verlobt waren oder wie die Hochzeit verlief.

Jakob erhielt den Segen, der für seinen Bruder Esau bestimmt war. Als dieser davon erfuhr, fasste er den Beschluss, Jakob zu töten. Daraufhin floh Jakob nach Jerusalem in die Jeschiwa von Eber, wo er 14 Jahre verbrachte. Danach begab er sich auf den Weg nach Charan. Unterwegs hatte er einen denkwürdigen Traum, in dem Gott ihm seinen Schutz versprach, wie es im vorhergehenden Kapitel beschrieben wurde. Mit dieser Versicherung verließ Jakob Israel in Richtung Osten und näherte sich dem Land seiner Vorfahren.

Kaum war er dort angekommen, sah er auf einem Feld einen Brunnen, der mit einem großen Stein bedeckt war. Nicht weit davon lagerten drei Schafherden und mehrere Hirten. Diese warteten darauf, dass alle Hirten zusammenkämen, um gemeinsam den schweren Stein von der Brunnenöffnung zu rollen, ihre durstigen Tiere zu tränken und danach wieder den Brunnen zu bedecken.

Jakob sprach die Hirten an und stellte ihnen drei Fragen, die sie beantworteten:

»Woher kommt ihr?«

»Wir kommen aus Charan.«

»Kennt ihr Laban, den Sohn von Nachor?«

»Ja, wir kennen ihn.«

»Ist er in Frieden? Geht es ihm gut?«

»Ja, er ist in Frieden. Es geht ihm gut.«

Und die Hirten fügten hinzu: »Sieh, da kommt seine Tochter Rachel mit der Herde.«

Der Midrasch sieht in diesem Gespräch eine Anspielung auf die spätere Zerstreuung der Nachkommen des jüdischen Volkes. »Woher kommt ihr?« bedeutet demnach: »Warum seid ihr so verstreut in der ganzen Welt?« Die Antwort lautet: »Wir flüchten vor Gottes Zorn (Charon).« Der Midrasch bringt hier die Wörter »Charon« (Gottes Zorn) und »Charan« (den Ortsnamen) in Zusammenhang.

Mit der Frage »Kennt ihr Laban, den Sohn von Nachor?« meint Jakob eigentlich: »Bekennt ihr eure Sünden und wisst ihr, dass nur Gott eure Sünden weißer als Schnee waschen kann?« wie es in Jesaja 1,18 angedeutet wird, denn »Laban« bzw. »Lawan«, die korrekte hebräische Aussprache, bedeutet »weiß«.

Darauf antworten die Hirten: »Ja, wir wissen es und wir beichten unsere Sünden.«

Wenn Jakob fragt »Ist er in Frieden?« meint er: »Er ist der Frieden. (Das heißt, Gott ist der Frieden.) Möge Er euch Frieden schenken.« Die Hirten fragen: »Frieden? Durch welche Verdienste können wir ihn geschenkt bekommen?« In dem Moment machen die Hirten Jakob auf Rachels Erscheinen aufmerksam. Und Jakob erwidert: »Frieden wird durch Rachels Verdienste kommen«, wie es bei Jeremia geschrieben steht: »Rachel weint um ihre Kinder und will sich nicht trösten lassen …«

Schließlich sagte Jakob den Hirten, sie sollten die Tiere tränken. Während er sprach, erschien die schöne Rachel mit der Herde ihres Vaters. Da Laban als Schwindler bekannt war, wollte niemand als Hirte für ihn arbeiten, und Rachel musste sich alleine um die Herde kümmern. Ihre Schwester Lea übernahm diese Aufgabe nicht, da die Sonne ihren schwachen Augen hätte schaden können. Eine andere mögliche Erklärung ist, dass sie die älteste Tochter und damit heiratsfähig war, und Laban nicht wollte, dass sie sich unter die jungen Hirten mischte.

Als Jakob Rachel sah, schob er allein den schweren Stein von der Brunnenöffnung und tränkte das Vieh. Dann küsste Jakob Rachel und fing an zu weinen. Er musste weinen, denn plötzlich hatte Jakob die Vision, dass Rachel, seine zukünftige Frau, nicht mit ihm in der Machpela-Höhle beerdigt werden würde, sondern in Bethlehem, in der Nähe von Jerusalem. Dort würde sie über ihre Nachkommen klagen, wenn diese an ihr vorüber ins Exil gingen.

Ein anderer Grund für sein Weinen ist sein Bedauern, dass er glaubte, es nicht verdient zu haben, Rachel als junger Mann zu heiraten und mit ihr Kinder zu haben. Er würde für sie noch lange Jahre arbeiten müssen.

Dem Midrasch zufolge hielt Jakob schon bei ihrem ersten Treffen am Brunnen um Rachels Hand an. Sie war einverstanden, aber warnte ihn, dass sie eine ältere Schwester mit Namen Lea habe. Obwohl sie Zwillingsschwestern waren, würde ihr strenger Vater es nie erlauben, dass seine jüngere Tochter vor der älteren heiratete. Jakob beruhigte sie. Dann verriet sie ihm einige Zeichen, an denen er sie auch im Dunkeln erkennen konnte.

Rachel lief eilends zu ihrem Vater, um ihm alles zu erzählen und Laban kam zum Brunnen und begrüßte seinen Neffen. Während des Gesprächs schlug er Jakob vor, für ihn einen Monat lang als Hirte zu arbeiten.

Später stellte Laban Jakob seinen größten »Schatz« vor: seine beiden Töchter. Die größere und ältere Lea und die kleinere und jüngere Rachel. Die beiden Zwillinge waren an dem Tag geboren worden, an dem Jakob Isaaks Segen erhalten hatte.

Lea hatte »sanfte«, das heißt schwache Augen, da sie ständig bei dem Gedanken daran, Jakobs Bruder Esau heiraten zu müssen, weinte. Isaak und Laban waren miteinander in Kontakt und hatten beschlossen, dass ihre Kinder heiraten sollten. Beide hatten Zwillinge, so beschlossen sie, dass die ältere Tochter Lea den älteren Sohn Esau und die jüngere Tochter Rachel den jüngeren Sohn Jakob heiraten sollte. Lea weinte und betete tagelang, sogar jahrelang darum, nicht Esau heiraten zu müssen. Sie wünschte sich sehnlich, mit einem Gerechten getraut zu werden.

Im Gegensatz zu Lea war Rachel schön von Gestalt und hatte ein liebliches Gesicht.

Nachdem Jakob einige Zeit für Laban gearbeitet hatte, bot dieser ihm an, ihn für seine Dienste zu belohnen. Jakob liebte Rachel so sehr, dass er erwiderte: »Ich werde sieben Jahre für dich arbeiten, wenn du mir deine jüngere Tochter Rachel zur Frau gibst. Deine Tochter, für die ich hierher gekommen bin, soll mein Lohn sein.« Laban war einverstanden.

Der Sohar, das Buch der Herrlichkeit, vermittelt, dass Jakob Rachel liebte, weil ihm offenbart wurde, dass sie die für ihn vorhergesehene Frau war. Darüber hinaus gibt es die Tradition, dass ein Engel 40 Tage vor jeder Geburt im Himmel verkündet, wer wen heiraten wird. So sind alle Ehepartner schon von vornherein füreinander bestimmt.

Jakob betonte unmissverständlich: »Rachel, deine jüngere Tochter«, denn er wusste, dass Laban ein Schwindler war und befürchtete, dass Laban ihm ein anderes Mädchen namens Rachel zur Frau geben könnte. Also sagte er, »Rachel, deine jüngere Tochter, und keine andere«. Mit »jüngerer« oder »kleinerer« Tochter wollte Jakob Laban außerdem vorwerfen, dass er aus Rachel nur ein Hirtenmädchen gemacht hatte, als ob sie völlig bedeutungslos für ihn sei.

Jakob arbeitete also sieben Jahre lang für Rachel. Jeder wusste, dass er nur ihretwegen so lange bei Laban blieb. Da Jakob sie so sehr liebte, kamen ihm diese sieben harten Jahre vor wie einige Tage. Nur durch seine große und ehrliche Liebe konnte er diese lange Zeit aushalten. Als die sieben Jahre vergangen waren, verlangte Jakob seinen Lohn, die ihm versprochene Frau.

Laban gab vor sein Wort zu halten und veranstaltete ein ausgelassenes Fest, zu dem er die ganze Stadt einlud. Er hatte jedoch in Wirklichkeit vor, Jakob zu betrügen, und ihn nicht mit der hübschen Rachel, sondern mit Lea zu vermählen.

Während der aufwendigen Hochzeitsfeierlichkeiten versuchten die Gäste Jakob zu warnen, ohne dabei Labans Ärger auf sich zu ziehen. Listigerweise sangen sie ein Lied mit dem Refrain »o-le, o-le, o-le«, um ihm anzudeuten »Es ist Lea«. Sie taten dies, damit Jakob sie später nicht zur Rechenschaft ziehen konnte, weil sie geholfen hatten, die Wahrheit zu vertuschen. Jakob jedoch verstand die Anspielung nicht und bemerkte den Schwindel erst am Morgen nach der Hochzeitsnacht.

Warum erlaubte Gott Laban, seinen listigen Plan auszuführen und Jakob zu betrügen? Gott wollte Lea belohnen, indem Er sie zu Jakobs Frau machte, da sie jahrelang dafür gebetet hatte, einen Zaddik[6] heiraten zu können.

In der Nacht brachte also Laban seine Tochter Lea zu Jakob. Die Sprache der Thora ist hier eindeutig. Lea wollte Jakob nicht betrügen, sondern wurde von ihrem Vater dazu gezwungen. Als Jakob mit Lea schlief, geschah dies in aller Bescheidenheit und Heiligkeit, in der Dunkelheit. Daher hatte Jakob sie nicht

6. ein Gerechter in der jüdischen Tradition

erkannt. Außerdem hatte Rachel ihrer Schwester am Abend vor der Hochzeit die mit Jakob vereinbarten geheimen Zeichen verraten.

Der Midrasch vermittelt Folgendes: Nachdem der Tempel zerstört und das jüdische Volk ins Exil verbannt wurde, kamen Mose und alle Patriarchen zu Gott und baten ihn, um ihretwillen Mitleid mit ihren sündigen Nachkommen zu haben. Jeder von ihnen zählte die schlimmen Leiden auf, die er geduldig ertragen hatte, ohne Gottes Gerechtigkeit anzuzweifeln. Aber sie konnten Gottes Mitleid nicht erwecken. Dann erzählte Rachel Gott, dass sie in ihrer lang ersehnten Hochzeitsnacht ihre Gefühle unterdrückt und ihrer Schwester das geheime Zeichen verraten hatte, um ihr Demütigung zu ersparen. Sie fasste zusammen: »Und wenn ich, ein Wesen von Fleisch und Blut, aus Staub und Asche geformt, nicht auf meine Rivalin eifersüchtig war und sie nicht der Schande und der Verachtung aussetzte, warum solltest du, ein König, der ewig lebt und voller Gnade ist, auf Götzenanbetung eifersüchtig sein und meine Kinder ins Exil schicken? Du ließest zu, dass sie mit dem Schwert erschlagen wurden, und ihre grausamen Feinde haben mit ihnen gemacht, was sie wollten!« Durch Rachels Geschichte wurde Gottes Gnade sofort geweckt, und Er sagte: »Um deinetwegen, Rachel, werde Ich das Volk Israel in seine Heimat zurückführen.«

Nach der Hochzeitsnacht fragte Jakob Lea voller Zorn: »Wie konntest du vorgeben Rachel zu sein und mir antworten, als ich ihren Namen rief?« Sie antwortete: »Ich habe dich zum Vorbild genommen – ich habe von dir gelernt, wie man sich als jemand anders ausgibt. Warst du es nicht, der als Esau verkleidet zu seinem sehschwachen Vater kam, und der antwortete, als dein Vater ›Esau‹ rief? Ich habe nur getan, was du auch getan hast.« Indirekt sagte sie mit ihrer Antwort: »So wie du deinen alten Vater um Gottes Willen betrogen hast, weil du wusstest, dass dies die richtige Art zu handeln war, so habe auch ich gehandelt.«

Als Jakob auch Laban Vorwürfe machte, brachte dieser zu seiner Entschuldigung vor, dass es sich nicht gehöre, die jüngere Tochter vor der älteren zu verheiraten. Er machte Jakob folgendes Angebot: »Warte noch sieben Tage, bis zum Ende der Hochzeitsfeierlichkeiten, und dann darfst du auch Rachel heiraten. Als Gegenleistung musst du aber nach dieser zweiten Hochzeit nochmals sieben Jahre für mich arbeiten.« Und so geschah es: Jakob heiratete Rachel und er liebte sie mehr als Lea. Wie vereinbart, arbeitete er noch sieben weitere Jahre für Laban, denn seine reine und lang anhaltende Liebe zu Rachel befähigte ihn, die übertriebenen Forderungen seines betrügerischen Schwiegervaters geduldig zu erfüllen.

Josefs Träume: Vom Sklaven zum König

Genesis 37,2–36; 39–41

Im Jahre 2216 nach der Schöpfung der Welt siedelte sich Jakob mit 108 Jahren in Kanaan an, dem Land, in dem sein Vater gelebt hatte. Seit seiner Geburt hatte er ein bewegtes Leben hinter sich und befand sich in einem ständigen Kampf mit seinem Zwillingsbruder Esau. Er musste zu Laban fliehen, um den Mordabsichten Esaus zu entgehen; er arbeitete 20 Jahre lang im Dienste Labans, der ihn betrogen hatte; dann musste er Boten schicken, um seine Rückkehr mit seinem Bruder zu verhandeln; er musste gegen einen Engel kämpfen, wobei er gehbehindert wurde; kurz vor seiner Ankunft in Israel starb seine geliebte und bevorzugte Frau Rachel; schließlich musste er in Israel die Entführung seiner Tochter Dina sowie die Rache ihrer aufgebrachten Brüder an den Tätern miterleben. Jakob hatte ein Stück Land gekauft und hoffte, dort in Ruhe und sorglos leben zu können, doch sein Schicksal sollte ein anderes sein …

Josef war 17 Jahre alt und hütete mit seinen elf Brüdern die Schafe ihres Vaters Jakob. Josef benahm sich häufig wie ein Kind und redete schlecht über seine Brüder. Trotz dieser Tatsache liebte Jakob seinen Sohn Josef mehr als alle anderen Kinder, weil dieser geboren wurde, als Jakob bereits alt war, und weil er der erste Sohn von seiner geliebten Frau Rachel war. Eines Tages fertigte Jakob für Josef einen bunten Mantel an, was die Brüder neidisch und eifersüchtig auf ihn machte. Sie hassten ihn und konnten nicht einmal mehr friedlich mit ihm sprechen: Wenn Josef ein freundliches »Guten Tag« an sie richtete, war ein kühles Schweigen ihre Antwort. Sie konnten ihre Abneigung nicht verbergen, und das schöne Geschenk des Vaters brachte sie nur noch mehr gegen Josef auf.

Selbst wenn sich Josef nicht immer wie ein vernünftiger Erwachsener verhielt, war er bereits mit seinen 17 Jahren ein Prophet. Er glaubte, dass seine Brüder ihn lieben könnten, wenn sie die Wahrheit wüssten: Er war von Gott bestimmt, in Ägypten zu regieren. Er erzählte seinen Brüdern, dass er in einem Traum gesehen hatte, wie sie gemeinsam auf dem Feld Garben banden. Da richtete sich seine Garbe auf und blieb stehen, die Garben der Brüder aber stellten sich ringsum und warfen sich vor Josefs Garbe nieder. Die Brüder waren entsetzt und riefen: »Willst du etwa König über uns werden oder dich zum Herrn über uns machen?« Sie hassten ihn wegen seines Traumes noch mehr als zuvor.

Einige Zeit später hatte Josef einen anderen Traum: »Die Sonne, der Mond und elf Sterne warfen sich vor mir nieder.« Josef erzählte auch diesen Traum seinem Vater und dann seinen Brüdern, worauf Jakob ungehalten reagierte: »Was soll das heißen? Sollen etwa ich, deine Mutter und deine Brüder zu dir kommen und sollen wir uns vor dir ehrfürchtig auf die Erde niederwerfen?« Jakob verstand, dass es sich in Wirklichkeit um eine göttliche Prophezeiung handelte, und merkte sich alle Einzelheiten des bemerkenswerten Traumes. Die Brüder wurden furchtbar eifersüchtig und wütend, doch Josef blieb stolz und trug auch weiterhin seinen schönen, neuen Mantel.

Eines Tages, als die Brüder die Schafherde weit entfernt vom Haus hüteten, beschloss Jakob, der seit mehreren Tagen keine Nachricht von seinen Söhnen bekommen hatte, Josef zu ihnen zu schicken, um zu erfahren, wie es ihnen ergehe. Josef suchte seine Brüder lange Zeit vergeblich. Als er sie endlich fand, hatten sie ihn schon von ferne gesehen und den gemeinen Plan geschmiedet, ihn zu töten. Der eine sprach zum anderen: »Oh, da kommt der große Träumer! Lasst uns ihn erschlagen, ihn in eine der schlammigen Gruben werfen und sagen, dass ein wildes Tier ihn gefressen hat! Dann werden wir ja sehen, was aus seinen Träumen wird!«

Ruben, der älteste der Geschwister, konnte sich jedoch nicht damit abfinden, Josef zu töten. Er befürchtete, dass die Brüder die schreckliche Tat später bitter bereuen und die Schuld auf ihn als den Ältesten schieben würden. Er sagte: »Josef verdient es nicht, getötet zu werden, er hat sich nur kindisch benommen. Meine Brüder, ich bitte euch, vergießt kein Blut, begeht keinen Mord, sondern werft ihn einfach in eine Grube!« Ruben hatte die geheime Absicht, Josef zu retten und ihn sicher zum Vater zurückzubringen. Erstaunlicherweise waren die Brüder einverstanden mit Rubens Plan.

Als Josef bei ihnen ankam, warfen sich die Brüder auf ihn, rissen ihm seine Kleidung brutal vom Körper und stießen ihn halbnackt in eine ausgetrocknete Grube, die gefährliche Skorpione und Schlangen beherbergte. Josef flehte um Erbarmen, schrie, weinte, jammerte, aber ohne seine gewissenlosen Brüder besänftigen zu können. Nachdem sie ihre Tat vollbracht hatten, setzten sie sich zu Tisch. Nur Ruben nahm nicht an ihrer Mahlzeit teil und entfernte sich von der Gruppe, denn er wollte überlegen, wie er Josef helfen konnte.

Die Brüder sahen auf und erblickten in einiger Entfernung eine Karawane von Ismaeliten, deren Kamele mit exotischen Gewürzen, wohlriechendem Balsam und Lotos beladen waren. Juda sagte zu seinen Brüdern: »Was haben wir davon, wenn wir Josef sterben lassen? Wir müssten seinen Tod verbergen. Aber wenn wir ihn an die Ismaeliten verkaufen, hätten wir erreicht, was wir wollen, wir wären ihn los!« Die anderen willigten ein und verhandelten mit den Ismaeliten.

Währenddessen näherte sich eine weitere Karawane mit Leuten aus Midian auf der Suche nach Wasser. Als sie an der Grube, in der Josef hockte, vorbeikamen, hörten sie sein jämmerliches Geschrei, zogen ihn heraus und setzten ihn auf ein Kamel. Die Brüder verhandelten dann mit der zweiten Karawane und verkauften Josef für 20 Silbermünzen. So wurde Josef nach Ägypten gebracht. Der Hass in den Herzen der Brüder verschwand und sie schwuren, ihrem Vater niemals von diesem Geschäft zu erzählen.

In der Nacht kehrte Ruben heimlich zu der Grube zurück, weil er Josef befreien wollte, doch die Grube war leer und Josef unauffindbar. Ruben zerriss vor Verzweiflung seine Kleider und jammerte: »Ich hatte gehofft, ihn zu unserem Vater zurückzubringen, aber jetzt wird er mich verdächtigen, dass ich es war, der ihn umgebracht hat, und ich werde die ganze Verantwortung tragen müssen.« Er kehrte zu seinen Brüdern zurück und beklagte, dass Josef verschwunden war. Um ihrem Vater den Verlust zu erklären, schlachteten die Brüder einen Ziegenbock und tränkten Josefs Mantel mit dem Blut. Sie losten aus, wer von ihnen dem Vater die traurige Nachricht überbringen sollte. Das Los fiel auf Juda, der daraufhin das blutbefleckte Gewand zu Jakob brachte und fragte: »Erkennst du dies als den Mantel deines Sohnes wieder?«

Jakob erkannte in der Tat das Kleidungsstück und rief: »Das ist der Mantel meines Sohnes! Ein wildes Tier hat ihn gefressen!« Jakob war niedergeschlagen, er warf sich vor, seinen jüngsten Sohn alleine auf den Weg geschickt zu haben und deshalb verantwortlich für seinen Tod zu sein. Jakob trauerte tief um seinen geliebten Josef. Seine übrigen Kinder versuchten, ihn zu beruhigen, doch er war untröstlich.

In den folgenden 22 Jahren, die gleiche Zeit, die er selbst fern von seinem Elternhaus bei Laban verbracht hatte, beweinte Jakob den Verlust seines Sohnes, ohne aber darüber hinwegzukommen. Er erinnerte sich an Josefs Träume und an deren Bedeutung, deshalb war er nicht von dem Tod seines Sohnes überzeugt, nur von dessen Verschwinden. Ohne dass es Jakob, den Brüdern oder irgendjemand anders bewusst war, hatte Gott Josefs Schicksal in Gang gesetzt …

Die Händler aus Midian, die Josef gekauft hatten, fragten sich, wie es sein könnte, dass ihnen ein so gut aussehender Sklave für so wenig Geld verkauft worden war. Sie dachten, dass die Hebräer ihn entführt hatten, und als sie auf ihrem Weg der Karawane der

Ismaeliten begegneten, entschlossen sie sich, Josef loszuwerden. Sie verkauften ihn für die 20 Silbermünzen weiter, die sie selbst bezahlt hatten. Unterwegs kamen die Ismaeliten in der Nähe Jerusalems an den Ort, an dem Rachel begraben lag und Josef erkannte das Grab seiner Mutter. Er warf sich schluchzend auf den markanten Gedenkstein: »Mutter, Mutter, siehst du nicht, dass dein Sohn als Sklave verkauft und ohne jedes Mitleid seinem alten Vater entrissen wurde?«

Eine Stimme sprach aus der Erde: »Ich weiß von deinem Leid, mein Sohn, aber fürchte dich nicht, Gott ist mit dir und wird dich schützen, gehe ohne Angst nach Ägypten!« So reiste Josef beruhigt mit einer Karawane, die Gewürze und Duftessenzen transportierte.

In Ägypten wurde Josef zum Kauf angeboten und Potiphar, ein Hofbedienter des Pharaos, kaufte den jungen Sklaven aus Kanaan für seine persönlichen Dienste. Da Gott bei Josef war, gingen ihm alle Arbeiten sehr leicht von der Hand, so dass er im Haus seines ägyptischen Herrn hoch geschätzt wurde. Durch Josefs Verdienst war auch Potiphar erfolgreich, deshalb behandelte dieser ihn eher wie ein Mitglied seiner Familie als wie einen Sklaven. Er hatte ein uneingeschränktes Vertrauen zu Josef und machte ihn zum Aufseher über sein ganzes Vermögen. Nun, da sein Leben in Potiphars Haus ruhig und angenehm war, konnte Josef sich entspannen. Allerdings hatte er nicht mit einer Versuchung gerechnet.

Potiphars Frau, Suleika, war nicht unempfänglich für Josefs Charme und befragte die Astrologen, um ihr Schicksal und jenes des hebräischen Sklaven zu erfahren. Welche Überraschung! Die Sterne sagten, dass sie und Josef gemeinsame Nachkommen haben würden. Um diesen himmlischen Vorhersagen nachzuhelfen, unternahm Suleika alles, Josef zu verführen. Sie zog sich mehrmals am Tag um, parfümierte sich, schmiegte sich an ihn, versuchte, ihm Geld zuzustecken – alles jedoch ohne Erfolg, denn Josef ignorierte sie. Dieses kränkte Suleika sehr, sie sprach mit Josef, flehte ihn an, weinte, schrie, aber nichts half. Eines Tages bot sich dennoch eine passende Gelegenheit. Suleika war mit Josef alleine im Haus und versuchte ihn zu überreden, sich ihr hinzugeben. Sie packte ihn bei seinen Kleidern, aber, um sich zu befreien, zerriss Josef sein Hemd, dessen eine Hälfte in Suleikas Hand blieb. Josef rannte schnell hinaus und Suleika schmiedete einen perfiden Racheplan: Sie würde ihrem Mann sagen, dass Josef, der hebräische Sklave, über sie hergefallen und als sie um Hilfe schrie, weggelaufen sei. Sie konnte ihn nur noch am Hemd festhalten, so dass es bei seiner Flucht zerriss und nun ihr Beweisstück war. Als Potiphar diese Anschuldigung hörte, wurde er wütend und wollte Josef töten. Suleika, in der ungestillten Hoffnung, eines Tages Josef doch für sich zu gewinnen, überzeugte ihren Mann, ihn einzusperren und nicht umzubringen. Potiphar hörte auch Josef an und wusste hinterher nicht mehr, wem von beiden er glauben sollte. Um jedoch den Anschein zu wahren, ließ er Josef ins Gefängnis bringen. Dort verbrachte Josef eine lange Zeit, doch jeden Abend befreite Potiphar ihn heimlich, damit sich Josef weiter um seine Arbeit kümmern konnte. Auf diese Art wurde Josef zehn Jahre lang gefangen gehalten. Die ganze Zeit über versuchte Suleika, ihn für sich zu gewinnen. Doch auf der anderen Seite erfuhr Josef Gottes Beistand in seiner dunklen Zelle und wurde Aufseher über die anderen bedauernswerten Häftlinge.

Ein unerwartetes Ereignis veränderte Josefs eintöniges Leben. Der Mundschenk und der Bäcker des Pharaos wurden jeweils eines Verbrechens beschuldigt: In den Weinkrügen des ersten wurde eine Fliege gefunden und im Brot des Bäckers war ein Stein eingebacken. Die beiden wurden eingesperrt und ein Jahr lang gefoltert, doch da sie wichtige Persönlichkeiten waren, wurden sie unter Josefs Verantwortung gestellt. Eines Tages, als Josef am frühen Morgen aus Potiphars Haus zurückkam, fand er den Mundschenk und den Bäcker verstört. Sie sagten ihm, dass jeder von ihnen einen seltsamen Traum hatte, den ihnen niemand deuten konnte. Josef sagte ihnen, dass Gott allein dem Menschen die Einsicht verleiht, Träume zu verstehen.

Der Mundschenk erzählte seinen Traum zuerst: »Ich sah drei Reben an einem Weinstock, an denen wunderschöne Weintrauben hingen. Ich hielt den Krug des Pharaos in meiner Hand, nahm die Trauben, presste sie in das Gefäß und gab es dem Pharao.« Josef erklärte den Traum: »In drei Tagen wird der Geburtstag des Pharaos sein und zu dieser Gelegenheit wird er dich freilassen und dich erneut zu seinem Mundschenk machen.«

Als der Bäcker diese positive Auslegung hörte, berichtete auch er seinen Traum: »Ich träumte, dass ich drei Körbe voll Brot und Gebäck übereinander auf meinem Kopf trug. Die Vögel pickten zunächst aus dem obersten Korb und dann weiter, bis der niedrigste Korb dran war.« Josef deutete erneut den Traum:

»In drei Tagen, zum Geburtstag des Pharao, wirst du aufgehängt werden und die Vögel werden dein Fleisch fressen.«

Nachdem Josef den Traum des Mundschenks ausgelegt hatte, bat er diesen um einen Gefallen. Der Mundschenk sollte dem Pharao von ihm zu erzählen, damit dieser ihn begnadigen könnte, denn er hatte schließlich nichts getan, wofür er das Gefängnis verdiente, und der Mundschenk versprach es ihm.

Drei Tage später war der Geburtstag des Pharaos und alle Gefangenen Ägyptens wurden gerichtet. Die Richter nahmen an, dass die Fliege versehentlich in den Krug gelangt war und dass der Mundschenk dafür nicht zur Verantwortung gezogen werden konnte, weshalb er wieder zurück auf seinen Posten gehörte. Sie meinten aber, dass der verhängnisvolle Stein im Brotteig nur absichtlich hineingekommen sein konnte, daher verurteilten sie den unglücklichen Bäcker zum Tode. Wie Josef vorhergesagt hatte, wurde der Bäcker aufgehängt und der Mundschenk wieder in den Dienst genommen. Der unzuverlässige Mundschenk aber erinnerte sich nicht an sein Versprechen und vergaß Josef schließlich völlig.

Im Verlauf von zwei Jahren, während Josef noch immer im Gefängnis verweilte, hatte der Pharao einen Traum: Er stand am Ufer des Nils, aus dem Nil stiegen sieben schöne, wohlgenährte Kühe und weideten im sattgrünen Gras. Nach ihnen stiegen sieben weitere Kühe aus dem Wasser, diese waren hässlich und mager. Sie stellten sich neben die anderen und schließlich fraßen die hässlichen, mageren Kühe die schönen, wohlgenährten Kühe auf.

Der Pharao erwachte, dann schlief er gleich wieder ein und hatte einen zweiten, ähnlichen Traum: Es stiegen sieben dicke und schöne Ähren an einem Halm empor, nach ihnen wuchsen sieben dünne, vom Ostwind versengte Ähren und die dünnen Ähren verschlangen die sieben anderen dicken. Als der Pharao am Morgen aufwachte, war er sehr verwirrt. Er ließ alle seine gelehrten Astrologen zu sich kommen, doch niemand konnte ihm die seltsamen Träume erklären. Einige Zauberer versuchten, ihn mit irgendwelchen Auslegungen abzuspeisen, aber der Pharao war mit keiner zufrieden. Schließlich bestellte er alle Astrologen und Zauberer aus ganz Ägypten zu sich und verkündete, dass derjenige, der seine Träume deuten könnte, reich belohnt werden würde. Die Seher strömten aus allen Winkeln Ägyptens zum Palast, doch keiner konnte eine zufrieden stellende Erläuterung der Träume des Pharaos liefern.

Es wurde Zeit, dass Gott den Mundschenk dazu brachte, sich an den armen Josef zu erinnern. So ließ der Mundschenk dem Pharao eine Botschaft zukommen, in der er beschrieb, wie ein hebräischer Häftling zwei Jahre zuvor seinen Traum und den des Bäckers gedeutet hatte und wie diese Träume sich dann genau so erfüllten. Vielleicht wäre das der geeignete Mann, der dem beunruhigten Pharao helfen könnte …

So wurde Josef aus dem schmutzigen Gefängnis zum Pharao gebracht und der Pharao sprach: »Ich habe gehört, dass du ein hervorragender Traumdeuter sein sollst, und da keiner der erfahrenen Astrologen bislang meine Träume erklären konnte, wende ich mich nun an dich.« Josef fragte: »Wie könnt ihr sicher sein, dass die anderen Auslegungen nicht richtig sind?« Darauf der Pharao: »Ich habe in meinem Traum auch seine Deutung gesehen, so kann man mir nichts vormachen, aber ich bin nicht in der Lage, sie umzusetzen.« Josef erwiderte, dass die Auslegung nicht in seinen Händen liege, sondern dass Gott dem Pharao die rechte Antwort geben würde.

Der Pharao erzählte also die außergewöhnliche Geschichte von den sieben fetten und sieben mageren Kühen sowie den Ähren. Josef erläuterte, dass die beiden Visionen nur eine einzige Deutung zuließen. Die sieben wohlgenährten Kühe und die sieben fetten Ähren bedeuteten, dass Gott Ägypten sieben Jahre des Überflusses schenken würde. Die sieben mageren Kühe und Ähren aber stünden für eine große Hungersnot, die sieben Jahre lang dauern und jegliche Erinnerung an die sieben Jahre im Überfluss auslöschen würde. Die Tatsache, dass Gott zwei ähnliche Träume hintereinander geschickt hätte, besagte, dass die Ereignisse schon sehr bald eintreten würden.

Nachdem Josef die Träume gedeutet hatte, fuhr er fort: »Ich gebe euch einen Rat, wie ihr euch vor dieser unvermeidlichen Hungersnot retten könnt: Wählt einen weisen und verständigen Mann, der zuständig für Ägypten sein wird, sowie Staatsbeamte, die verantwortlich sein werden, einen Teil der Ernte während der Jahre des Überflusses in großen Lagerhäusern aufzubewahren bis zu den Jahren der Hungersnot, so dass kein Ägypter Not leiden muss.« Der Pharao war mit Josefs Deutungen und seinen durchdachten Ratschlägen sehr zufrieden und beschloss, Josef mit der Aufgabe zu betrauen, die Lagerung des Getreides zu überwachen. Der Pharao machte ihn auch zum Vizekönig von Ägypten und nannte ihn »Tzafnat Paneach«, was »Entdecker der verborgenen Dinge« bedeutet.

Durch Gottes Willen wurde Josef als Sklave entführt und verkauft; bei Potiphar, wo er zuständig für den Haushalt war, wurde er von einem Tag auf den anderen unschuldig ins Gefängnis geworfen. Nach zwölf Jahren wurde er erneut von heute auf morgen auf das zweithöchste Amt Ägyptens berufen. Die ganze Geschichte um Suleika und Josef entstand nur, weil Suleika in den Sternen gelesen hatte, dass sie gemeinsame Nachkommen mit ihm haben würde. Was stand hinter dieser Vorhersage? Und wieso musste Josef zwölf Jahre wegen einer Affäre, die niemals zustande gekommen war, ins Gefängnis? Die ersten zehn Jahre der Gefangenschaft waren die Strafe für Josefs Verleumdungen seiner zehn älteren Brüder, die zwei folgenden Jahre bestraften sein mangelndes Vertrauen in Gott, als er den Mundschenk bat, ihm aus dem Gefängnis zu helfen.

Als der Pharao Josef zum Vizekönig gemacht hatte, ließ er ihn Osnat, die Adoptivtochter von Potiphar und Suleika, heiraten, so wurden Suleika und Josef verwandtschaftlich verbunden. Doch wer war Osnat? Sie war die Tochter von Dina, der verführten Tochter Jakobs. Als diese von der Frucht ihrer Vergewaltigung entbunden wurde, vertraute man das Kind Potiphar in Ägypten an. Jakob hatte Osnat ein Amulett mit den Namen ihrer Eltern um den Hals gebunden. Gott hatte vorgesehen, dass Josef in Ägypten leben sollte, deshalb hatte Er bereits dafür gesorgt, dass dessen zukünftige Ehefrau dort auf ihn wartete.

Träume werden wahr: Josef und seine Brüder

Genesis 42–45,11

Während der ersten sieben Jahre, in denen Josef Vizekönig in Ägypten war, gab es, wie er es vorhergesehen hatte, einen großen Überfluss an Getreide. Nach seinen Anweisungen wurden für die folgenden sieben Jahre der prophezeiten Hungersnot ausreichend Vorräte eingelagert, so dass das ägyptische Volk während dieser Zeit nicht Not leiden musste. Josef hatte die Warenlager geöffnet und nicht nur Ägypter kamen wegen des Getreides, sondern auch Händler aus den angrenzenden Ländern, die ebenfalls von der Dürre betroffen waren.

Jakob, Josefs Vater, sprach zu seinen Söhnen: »Ich habe gehört, dass in Ägypten noch Getreide angeboten wird, so reist denn dorthin und kauft für uns Getreide, damit wir nicht verhungern.« Da zogen zehn von den Brüdern los, um in Ägypten einzukaufen, nur den jüngsten, Benjamin, ließ Jakob nicht mit ihnen gehen.

In all den Jahren, die Josef in Ägypten verbrachte, hatte er Sehnsucht nach seinem Vater und seinen Brüdern, doch niemals hatte er die Möglichkeit, in das Land Kanaan zurückzukehren, denn entweder war er unfrei als Sklave und Häftling oder hatte als Vizekönig zu viele Verpflichtungen. In der Hoffnung, dass seine

Familie eines Tages zu ihm käme, ließ er einige neue Gesetze verkünden: Getreide durfte nicht an Sklaven oder Diener, nur an die Hausherren verkauft werden. Es war nicht erlaubt, mehr zu kaufen, als ein Esel transportieren konnte, außerdem durfte nur für den persönlichen Bedarf und nicht für den Handel eingekauft werden. Josef ließ zusätzlich Grenzposten aufstellen, bei denen sich die ausländischen Käufer melden mussten. Als Oberaufseher setzte er seinen eigenen Sohn Manasse ein. Dieser brachte seinem Vater jeden Abend eine Liste mit den Namen der Ausländer, die am Tag eingekauft hatten.

Seit Josef vor etwa 20 Jahren verkauft worden war, verging kein einziger Tag, an dem sich die Brüder nicht sagten: »Lasst uns nach Josef suchen und ihn zu unserem Vater zurückbringen.« Nun, da Jakob sie nach Ägypten schicken wollte, entschieden sie sich, den Kauf des Getreides mit der Suche nach dem vermissten Bruder zu verbinden.

Eines Tages fand Josef auf der Liste der ausländischen Käufer die Namen seiner zehn Brüder und wenig später erschienen sie vor dem Vizekönig Ägyptens, der einen Bart und edle Kleidung trug und sie, umgeben von seinen zahlreichen Dienern, empfing. Josef erkannte seine Brüder sofort, doch sie ihn nicht. Er hatte sie schon als Erwachsene gesehen, aber sie hatten ihn nur als Heranwachsenden ohne Bart in Erinnerung. Zwischen den Brüdern und Josef stand Manasse in der Funktion eines Übersetzers. »Wo kommt ihr her?«, fragte Josef. Die Brüder antworteten: »Wir kommen aus dem Land Kanaan, um Lebensmittel zu kaufen.« In diesem Moment nahm Josef einen silbernen Becher und wandte sich an sie: »Seht ihr meinen Zauberbecher? In ihm sehe ich, dass ihr raffinierte Spione seid und dass ihr das Land überfallen wollt.« Doch sie wehrten sich: »Nein, nein, wir sind unschuldig, wir kamen nur her, um Getreide zu kaufen.« Doch Josef fragte sie weiter aus: »Was habt ihr in den berüchtigten Vierteln der Stadt gesucht?« Zitternd antworteten sie, dass sie etwas suchten, was sie verloren hatten. Josef fuhr mit strengem Ton fort: »Um was für einen verlorenen Gegenstand handelt es sich? Ihr lügt, ich sehe in meinem Becher, dass ihr euren Bruder an Araber verkauft habt. Wer seid ihr?«

Die zehn Brüder waren erschüttert und erwiderten, dass sie zu den zwölf Kindern eines Mannes, der im Land Kanaan lebte, gehörten. Josef wollte nun wissen: »Also, wo sind die zwei anderen Brüder?« Sie antworteten: »Der Allerjüngste ist bei unserem Vater geblieben und der andere ist nicht da.« »Wo ist er?« bohrte Josef nach. Die Brüder waren so eingeschüchtert, dass sie schließlich zugaben, ihn vor vielen Jahren verkauft zu haben. Aber jetzt, da sie wegen des Getreides in Ägypten waren, wollten sie nach ihrem Bruder suchen, um ihn zu ihrem Vater zurückzubringen – komme, was wolle!

Josef blieb unerbittlich und sagte triumphierend: »Ich habe es doch gewusst, ihr seid Spione und wollt die Bewohner der Stadt umbringen! Solange euer jüngerer Bruder nicht herkommt, um eure Reden zu bestätigen, werdet ihr hier bleiben. Einer von euch wird euren Bruder holen, aber die anderen warten hier im Gefängnis.« Um ihnen Zeit zu geben, über alles nachzudenken, ließ Josef sie drei Tage lang einsperren. Am dritten Tag sagte er den Brüdern: »Ihr lasst einen Bruder hier, die neun anderen kehren mit Getreide heim, anschließend kommt ihr mit eurem jüngsten Bruder zu mir zurück. Dann werde ich die Wahrheit eurer Behauptungen überprüfen und falls ihr Recht habt, werdet ihr nicht zum Tode verurteilt.«

Die Brüder waren sich bewusst, dass ihre heikle Lage nur der Tatsache zuzuschreiben war, dass sie 20 Jahre zuvor ihren Bruder verkauft hatten. Sie machten sich gegenseitig Vorwürfe auf Hebräisch, so dass Josef, der alles mit angehört hatte, sich zum Weinen zurückziehen musste, um nicht gesehen zu werden. Als Josef sich beruhigt hatte, kam er zurück und befahl, Simon ins Gefängnis zu sperren, die anderen aber freizulassen und mit Getreide auszustatten. Das bereits bezahlte Geld für das Korn ließ Josef wieder in die Taschen der Brüder stecken, ohne dass sie es merkten.

Als die Brüder ihre erste Raststätte für die Nacht erreicht hatten, fanden sie das Geld in ihren Taschen und nahmen an, dass es ihnen zurückgegeben worden war, um ihnen dadurch neue Anschuldigungen vorwerfen zu können.

Die neun Brüder kamen zu Hause bei Jakob an, berichteten ihm alles, was geschehen war, und dass der Vizekönig verlangt hatte, Benjamin mit nach Ägypten zu bringen, um ihre Worte zu bestätigen. Jakob war sehr unglücklich, er hatte bereits einen Sohn, Josef, verloren und jetzt wurde Simon in einem Gefängnis festgehalten. Er befürchtete, dass auch Benjamin auf dem Weg ein Unglück geschehen könnte, deshalb weigerte er sich, die Brüder mit Benjamin zurückkehren zu lassen.

Als die Vorräte nach einiger Zeit aufgebraucht waren, wollte Jakob seine Kinder ein zweites Mal nach Ägypten schicken, doch diese sagten, dass sie nur gehen würden, wenn Benjamin mit ihnen käme. Schweren Herzens musste Jakob einwilligen, auch Benjamin gehen zu lassen. Er stellte ihn unter die Verantwortung von Juda, dem er Geld, Geschenke und einen Brief an den Vizekönig anvertraute. Die Brüder zogen also erneut nach Ägypten und informierten Josef sogleich von ihrer Ankunft.

Sobald Josef Benjamin bei seinen Brüdern sah, freute er sich und lud sie zu sich zum Essen ein. Josef hatte dafür gesorgt, dass seine Gäste ein köstliches Mahl wie zu Hause, also koscher, serviert bekamen, aber er offenbarte seine wahre Identität nach wie vor nicht. Nur Benjamin hatte er während des Essens heimlich gesagt, dass er sein Bruder war. Er wollte seinen jüngsten Bruder nicht erschrecken und weihte ihn in seine Pläne ein: Er wollte ihn einsperren lassen.

Wenn nun seine Brüder sich für Benjamin einsetzen würden, bedeutete das, dass sie den Verkauf Josefs bereuten und er würde sich dann seinen Brüdern zu erkennen geben.

Nach dem Essen gab er jedem von ihnen ein Geschenk, sorgte dafür, dass ihnen sowohl ihr Getreide gebracht als auch ihnen das bezahlte Geld wieder unbemerkt zugesteckt wurde, und ließ dann seinen eigenen Silberbecher in Benjamins Tasche verstecken. Daraufhin machten sich die Brüder auf ihren Weg. Sie ahnten nicht, was Josef für sie vorbereitet hatte. Dieser befahl seinem Sohn Manasse, ihnen zu folgen und den Silberbecher zurückzufordern.

Manasse tat, was sein Vater von ihm verlangt hatte, und als er die Brüder einholte, fragte er sie: »Wie konntet ihr Gutes mit Bösem zurückzahlen? Wieso habt ihr meinem Herrn seinen silbernen Zauberbecher gestohlen?« Die Brüder waren überwältigt vor Schreck, doch voller Überzeugung, dass sie sich nichts vorzuwerfen hatten. Sie sagten: »Wir haben niemals irgendetwas gestohlen, doch wenn sich der Becher bei einem von uns finden sollte, möge dieser getötet und wir anderen zu Sklaven des Vizekönigs werden.« Manasse antwortete: »Wenn einer aus einer Gruppe ein Verbrechen begeht, werden alle Angehörigen dieser Gruppe zur Verantwortung gezogen. Doch ich werde großzügig mit euch sein, ich bin zufrieden damit, nur denjenigen festzunehmen, bei dem wir den Becher finden.« Alle Brüder öffneten ihr Gepäck. Um keinen Verdacht zu erwecken, dass alles nur inszeniert war, begann Manasse seine Suche bei Ruben, dem Ältesten. Er durchsuchte nacheinander alle Taschen, bis er schließlich bei Benjamins Sachen ankam und dort den vermissten Becher fand.

Die Brüder waren schockiert bei dem Gedanken, dass Benjamin den Becher gestohlen haben könnte. Sie behandelten ihn wie einen Dieb, schlugen ihn, erniedrigten ihn, doch Benjamin, der eingeweiht war, antwortete: »Das ist nicht wahr, ich bin unschuldig! Gott will euch prüfen, ob ihr bereit seid, euch zu opfern, um mich zu retten. Wenn ihr es seid, wird eure Sünde, Josef verkauft zu haben, gesühnt werden.«

Jeder belud seinen Esel erneut und so zogen sie beschämt zurück zum Palast, wo sie sich Josef zu Füßen warfen. So wurde Josefs Traum Wirklichkeit, in dem er einst gesehen hatte, wie sich elf Sterne vor ihm verneigten.

Josef war zornig und rief: »Wie konntet ihr mich berauben? Wusstet ihr denn nicht, dass ich hellsehen kann? Ich weiß auch, dass sich der Becher bei Benjamin befand und wieso er ihn gestohlen hat. Also, was habt ihr zu eurer Verteidigung zu sagen?« Juda antwortete: »Wir können uns nicht rechtfertigen. Auf die gleiche Weise, wie das Geld in unsere Taschen kam, ist auch dieses Unglück von euch verursacht. Wir sind unschuldig, den Silberbecher gestohlen zu haben, und Gott bestraft uns jetzt für eine andere Sünde, die wir vor sehr langer Zeit begangen haben. Daher sind wir bereit, alle zusammen mit unserem Bruder Benjamin Sklaven bei euch zu werden.« Josef jedoch wollte dem nicht zustimmen, sondern nach wie vor nur einen Schuldigen als Sklaven behalten und die anderen in Frieden zu ihrem Vater zurückkehren lassen.

Juda, der seinem Vater gegenüber die Verantwortung für Benjamin übernommen hatte, wandte sich noch einmal an den Vizekönig und versicherte, dass sie nicht ohne ihren jüngsten Bruder zum Vater zurückkehren könnten, da dieser sonst vor Kummer sterben würde. Josef geriet mit Juda in einen solchen Streit, dass dieser schon bereit war, den Vizekönig umzubringen. Für Juda war es eine Frage zu töten oder getötet zu werden, denn Josef in seiner Rolle als Vizekönig und Zauberer erinnerte Juda und seine Brüder an die Schmach, die sie ihm damals angetan hatten. Juda seinerseits bedrohte Josef, damit er Benjamin freiließ. Die Situation war sehr angespannt, bis

Josef schließlich alle Ägypter hinaus aus dem Saal des Palastes schickte. Er sprach weiter: »Dieser Bruder, von dem ihr behauptet, er sei tot – seid ihr sicher, dass er tot ist?« Die Brüder antworteten: »Ja, sicher.«

Josef fuhr fort, sie zu beschimpfen: »Ihr lügt! Ihr habt ihn verkauft, ich habe ihn als Sklaven gekauft und nun werde ich ihn holen!« Er rief: »Josef, Sohn des Jakob, Josef, Josef!« Die Brüder blickten in alle Richtungen, doch niemand erschien. Josef fragte: »Wo schaut ihr hin? … Ich bin Josef, euer Bruder, den ihr nach Ägypten verkauft habt! Lebt mein Vater noch?« Vor Scham konnten die Brüder nicht antworten.

Josef sprach nun freundlich mit seinen Brüdern und versicherte ihnen, dass er ihnen den Verkauf verziehen hatte. »Es war Gott, der bewirkte, dass ich verkauft wurde und dass ich nach Ägypten kam und so Vizekönig wurde. Das heißt nicht, dass ich mehr wert bin als ihr, aber meine seltsamen Träume waren Prophezeiungen, die wir nicht verstanden haben. Es war Gottes Wille, dass ich Vizekönig in Ägypten wurde, damit ich euch mit meinem Vater in dieses Land hole. Wir sind erst im zweiten Jahr der bedrückenden Hungersnot, fünf weitere harte Jahre werden noch folgen. Gott wollte, dass ich für euch sorge und euch am Leben halte. Kehrt zu unserem Vater zurück und sagt ihm in meinem Namen, dass Gott mich zu einem mächtigen Herrscher über ganz Ägypten machte und dass ihr alle so schnell wie möglich zurückkommen müsst. Ihr werdet ganz in meiner Nähe, in der Provinz Gosen, mit euren Familien und Herden leben.«

Wie würden die Brüder ihrem Vater Jakob mitteilen, dass sein Sohn Josef noch am Leben und Herrscher von Ägypten war? Würde Jakob ihnen diesmal glauben und wie würde er auf diese Nachrichten reagieren? Josef berichtete seinen Brüdern von dem letzten Gespräch, das er Jahre zuvor mit seinem Vater geführt hatte, und schlug ihnen vor, Jakob an diese Unterhaltung zu erinnern. Doch die Brüder wussten immer noch nicht, wie sie es Jakob beibringen sollten, ohne ihm einen folgenschweren Schock zuzufügen.

Auf dem Heimweg, kurz vor Jakobs Zelt, trafen sie eine ihrer Nichten, die eine sehr melodiöse Stimme hatte und Harfe spielte. Sie baten sie, für ihren Vater eine liebliche Melodie zu singen, die andeutete, dass Josef noch lebendig war. Sie war einverstanden, betrat das Zelt und sang eine fröhliche Melodie mit den Worten »Mein Onkel Josef lebt noch, er ist Herrscher über Ägypten.«

Zum ersten Mal nach 22 Jahren begann der trauernde Jakob wieder zu hoffen und zu lächeln. Kurze Zeit später erschienen die Brüder, die die guten Neuigkeiten bestätigten. Sie wurden jedoch von Jakob viel weniger herzlich als die Nichte empfangen, denn die Strafe für den Lügner ist, dass man ihm nicht mehr glaubt, selbst wenn er die Wahrheit spricht. Erst als die Brüder von dem letzten Gespräch mit Josef erzählten, so wie er es ihnen geraten hatte, war Jakob beruhigt und glaubte ihnen. Jakob verstand, dass sein geliebter Sohn Josef trotz aller Leiden, die er ertragen hatte, und trotz aller Ehren, die ihm zuteil geworden waren, derselbe Gläubige und Gerechte geblieben war, den er in dessen Jugendzeit so innig geliebt hatte.

Jakob und seine Familie machten sich nun auf den Weg nach Ägypten. Ihre erste Station war in Beerseba, wo Jakob einige von seinem Großvater Abraham gepflanzte Zedern entwurzelte, um sie mit nach Ägypten zu nehmen. Dann bot er Gott Opfergaben dar auf dem Altar, den sein Vater Isaak gebaut hatte. In der Nacht erschien Gott Jakob im Traum und sprach: »Fürchte dich nicht, Jakob, obwohl Ich deinem Vater Isaak verboten habe, nach Ägypten zu reisen, erlaube Ich dir, dorthin zu gehen. Ich werde dich sogar begleiten und dich später wieder zurück nach Kanaan führen.«

Jakob und seine Familie waren insgesamt 70 Personen, als sie nach Ägypten gingen. Der Midrasch vermittelt jedoch, dass mit allen Angehörigen der Ehefrauen seiner Kinder und mit ihren Dienern etwa 1000 Menschen die große Reise unternahmen.

Als sie in Ägypten ankamen, ging der Vizekönig Josef seinem Vater persönlich entgegen, um ihn willkommen zu heißen. Auch der Pharao und die Adeligen begleiteten Josef, und Jakob erhielt einen königlichen Empfang wie ein Staatsoberhaupt. Als er seinem Vater näher kam, stieg Josef von seinem Wagen herunter und lief, ihn zu umarmen und zu küssen. Josef weinte vor Freude und Jakob richtete Lob- und Dankgebete an Gott, bevor er mit seinem Sohn sprach. Der Adel Ägyptens sah ehrfürchtig diesem Moment zu, der voller Emotionen und herzlicher Zuneigung, gemischt mit tiefer Frömmigkeit und Ehre eines Sohnes für seinen Vater war.

Jakob ließ sich mit seiner Familie und seinem großen Gefolge in der Provinz Gosen nieder, wo er 17 Jahre lebte. Im Alter von 137 Jahren fühlte er seinen Tod nahen und segnete noch einmal alle seine geliebten Kinder. Als er schließlich starb, brachte Josef seinen Leichnam zusammen mit seinen Brüdern zurück nach Kanaan. Dort begruben sie Jakob in der Machpela-Höhle neben seiner Frau Lea.

Im Jahr 2309 nach der Schöpfung der Welt verschied Josef im Alter von 110 Jahren. Er hatte 93 Jahre lang in Ägypten gelebt, davon 80 Jahre im Dienste des Throns.

Die Geburt eines Erlösers

Exodus 1,6–2,10

Josef hatte Ägypten vor der Hungersnot gerettet und noch lange nach seinem Tod wurde er sowohl von dem Volk als auch vom Pharao persönlich tief verehrt. Das Volk Israel war glücklich in Ägypten, viele Kinder wurden geboren und die Menschen breiteten sich über das ganze Land aus.

Die jüdischen Frauen brachten bei jeder Geburt Sechslinge auf die Welt, so dass die Ägypter Angst vor dieser so schnell wachsenden jüdischen Bevölkerung bekamen. Sie wandten sich an den Pharao: »Es sieht so aus, als ob es in naher Zukunft Krieg zwischen Ägypten und den Königen von Kanaan geben wird. Die Kanaaniter könnten auf die Idee kommen, das Vermögen, das wir während der Hungersnot für Getreide eingenommen haben, zurückzufordern. Im Falle eines Krieges könnten sich die Kinder Israels mit unseren Feinden verbünden und uns nach ihrem Sieg aus dem Land vertreiben. Wir müssen etwas gegen sie unternehmen!« Aber der Pharao erwiderte: »Das kommt nicht in Frage! Wenn ihr tüchtiger Vorfahr Josef das Land nicht vor der Hungersnot gerettet hätte, wären wir jetzt nicht mehr am Leben. Wie kommt ihr dazu, ihnen schaden zu wollen?« Die Ägypter ärgerten sich über den Pharao und sein Wohlwollen für die Kinder Israels, deshalb stürzten sie ihn und verbannten ihn ins Exil …

Ein neuer König bestieg den Thron, der nichts von Josef und dessen Beitrag zum Wohlergehen Ägyptens wusste. Der neue König verlangte von allen Bewohnern seines Landes, also auch von den Kindern Israels, dass sie am Wiederaufbau der Städte Pitom und Ramses teilnahmen. Der Plan bestand darin, die Nachkommen Jakobs zu Sklaven zu machen. Um sie zu überzeugen, beteiligte sich der Pharao selbst einige Tage lang an der Arbeit und der gesamte ägyptische Adel sowie tausende von Männern aus dem Volk halfen mit.

Doch konnten die Kinder Israels diesen Aufruf akzeptieren? Sie arbeiteten zunächst mit großer Begeisterung und während des ersten Monats entlohnte der Pharao alle Arbeiter. Danach erschien er jedoch nicht mehr an dem Ort und von Tag zu Tag nahm die Anzahl der ägyptischen Arbeiter ab. Nach 16 Monaten war kein einziger Ägypter mehr da, die Kinder Israels wurden nicht mehr bezahlt und der Pharao hatte eine Armee von brutalen Wachleuten aufgestellt. Diese hatten streng darauf zu achten, dass die Sklaven ihre Arbeit verrichteten. Sie befahlen den unterdrückten Arbeitern: »Zählt die Ziegelsteine, die ihr heute verarbeitet habt, denn morgen und an den nächsten Tagen müsst ihr mindestens genauso viele verbrauchen!« Schließlich forderten die Wachleute sogar, dass die Kinder Israels das Geld, das sie am Anfang verdient hatten, zurückzahlten. Wenn die Tagesquote an Ziegelsteinen nicht erreicht wurde, holten die ägyptischen Wachleute jüdische Säuglinge, um sie lebendig einzumauern. Auch gab der Pharao den Befehl, dass die Männer in Arbeitslagern untergebracht werden sollten und dass die Frauen in der Stadt zu bleiben hatten. Sein Plan war, die Geburtenrate zu vermindern und er verbitterte das Leben der Kinder Israels so sehr, dass sie Gott um Hilfe anflehten, und Gott erhörte sie.

Amram, ein Enkel von Levi, hatte mit seiner Frau Jochebed eine Tochter, die sie Miriam nannten, was »Verbitterung« bedeutet. In der Zwischenzeit stellte der Pharao fest, dass seine Maßnahme mit den Arbeitslagern nichts an der hohen Geburtenrate geändert hatte, deshalb beschloss er, seinen Plan zu ändern und jüdische Hebammen mit dem grausamen Kindermord zu beauftragen. So rief er die zwei Hebammen Schifra und Puah zu sich. Diese beiden waren jedoch niemand anderes als Jochebed und ihre Tochter Miriam. Der Pharao befahl ihnen, alle kleinen Jungen bei ihrer Geburt zu töten, die kleinen Mädchen aber sollten sie leben lassen. Jochebed und Miriam waren gottesfürchtig und beschlossen ohne zu zögern, sich dem schrecklichen Befehl des Königs zu widersetzen. Schon bald aber entdeckte der Pharao, dass keiner der jüdischen Knaben getötet worden war, und bestellte Jochebed und Miriam in seinen Palast. Er warf ihnen vor: »Ihr habt meine Befehle nicht eingehalten! Wie steht ihr dazu, dass die jüdischen Knaben noch immer am Leben sind?«

Jochebed erklärte ihm: »Die jüdischen Frauen sind anders als die Ägypterinnen. Unsere Vorfahren haben uns mit Tieren verglichen: Juda mit einem Löwen, Benjamin mit einem Wolf und Naphtali mit einem Hirsch. Genau so wie diese Tiere ohne Hilfe gebären, brauchen jüdische Frauen keine Hebamme bei der Entbindung. Wir werden immer erst später gerufen, um bei der ersten Waschung der Kinder zu helfen.«

Der Pharao gab sich mit dieser Erklärung zufrieden und ließ sie gehen, während Gott die zwei Frauen belohnte: Miriam würde später Kaleb vom Stamme Judas heiraten, so wurde sie die Mutter der königlichen Dynastie von David. Jochebed wurde die Mutter von Aaron, dem ersten Oberpriester und somit Vorfahr aller Priester, und von Mose, dem größten Propheten, dem Erlöser Israels und Vorfahr der Leviten.

Eines Nachts hatte der Pharao einen Traum, in dem er sich auf seinem Thron sitzen sah, als ein alter Mann mit einer großen Waage vor ihm erschien. Der alte Mann nahm mit der einen Hand alle Adligen Ägyptens, band sie zusammen und legte sie in die eine Waagschale. Dann nahm er ein kleines, weißes Lamm und legte es in die andere Waagschale. Das Gewicht des kleinen Lamms ließ die Waage ausschlagen, als ob der ganze Adel so leicht wie Luft sei. Der Pharao erwachte verstört und bestellte seine drei Hauptberater zu sich. Der erste war Bileam, der berühmte heidnische Prophet und Zauberer, der zweite war Jethro, ein weiser Mann und Philosoph, und der dritte Hiob, ein Gerechter aus dem Land Uz.

Nachdem Bileam den Traum vernommen hatte, erklärte er: »Es gibt keinen Zweifel, dieser Traum sagt voraus, dass ein jüdisches Kind eines Tages Ägypten zerstören wird.« Darauf fragte der Pharao seine drei Berater, wie er mit den Juden verfahren sollte. Jethro erinnerte ihn, dass die Ägypter in der Vergangenheit, zur Zeit Abrahams, wenn sie versucht hatten, den

Juden Schaden zuzufügen, streng bestraft worden waren. Außerdem wies er auf die Schulden hin, die die Ägypter bei Josef und seinem Volk hatten, und … Jethro beendete seine Deutung nicht, denn er sah den Zorn in dem Gesicht des Pharaos. Er fürchtete um sein Leben, schlich sich durch eine Hintertür hinaus und floh in das Land Midian.

Bileam sprach zum König: »Ich kenne dieses Volk sehr gut und ich sage euch, wie mit ihm umzugehen ist. Wir wissen, dass den Menschen das Feuer nichts anhaben kann, denn ihr Vorfahr Abraham wurde aus dem Feuerofen gerettet. Auch das Schwert kann sie nicht töten, Isaak wurde vor Abrahams Messer auf dem Altar bewahrt. Die Sklaverei hatte keinen Zugriff auf sie, denn wir wissen, dass Jakob Sklave bei Laban war und dennoch mit großer Familie und Reichtum von ihm gezogen ist. Es gibt nur ein Element, das ihnen schaden kann: Wasser. Befehlt euren Soldaten, dass sie alle neugeborenen Jungen in den Nil werfen und ertränken.« Diese Idee gefiel dem Pharao und seinen Astrologen. Er fragte Hiob nach seiner Meinung, und als dieser schwieg, beschloss der Pharao, Bileams Rat zu befolgen.

Die drei Berater wurden von Gott für ihre Stellungnahmen entlohnt: Jethro, der sein Leben riskierte, um ein faires Urteil abzuliefern, wurde belohnt, indem seine Nachkommen im Sanhedrin[7] saßen und die Gelegenheit hatten, auf faire Weise die Menschen zu richten. Bileam, der riet, die Juden zu ermorden,

7. Oberstes Gericht in Israel

wurde später von diesen getötet und Hiob, der schwieg, wurde später mit großen Leiden bestraft, die er schweigend ertrug. Was die Ägypter anbelangte, die sich an den Ratschlägen Bileams erfreuten – sie ertranken später im Roten Meer, als dieses sich nach der Überquerung durch das jüdische Volk wieder verschloss.

Als Amram, der Enkel Levis, von dem neuen Gesetz des Pharaos erfuhr, hatte er bereits zwei Kinder: Aaron und Miriam, und seine Frau war im dritten Monat schwanger. Amram fragte sich: »Wofür bringen wir Kinder auf die Welt, wenn sie sowieso getötet werden?« Er beschloss, sich von seiner Frau zu trennen, und riet allen anderen Männern, das Gleiche zu tun. Miriam beschimpfte ihren Vater: »Deine Entscheidung ist noch viel grausamer als die des Königs. Er verlangt nur, dass alle männlichen Neugeborenen getötet werden, aber du nimmst allen zukünftigen Kindern die Möglichkeit zu leben! Seine Entscheidung wird nicht lange dauern, aber deine könnte ewig gelten!« Amram wurde von der Weisheit der Worte seiner Tochter überzeugt und beschloss, seine Frau in aller Öffentlichkeit erneut zu heiraten. Und alle Kinder Israels nahmen ihn zum Vorbild und taten es ihm nach.

Zu dieser Zeit verkündeten die ägyptischen Astrologen dem Pharao, der Erlöser der Kinder Israels würde in Kürze geboren und es sei nicht sicher, ob das Kind Jude oder Ägypter sein werde. Die Vision der Astrologen war jedoch nicht glaubhaft, da Mose, obwohl er von einer jüdischen Mutter entbunden wurde, von der Ägypterin Batja, des Pharaos Tochter selbst, in seinem eigenen Palast aufgezogen wurde.

Der Pharao beschloss daraufhin, dass alle ägyptischen und hebräischen Jungen in den Nil geworfen werden sollten, sofern sie an dem Tag zur Welt kämen, der von den Astrologen vorhergesagt worden war.

Viele jüdische Mütter gingen heimlich in die Felder am Nil, um dort zu gebären, in der Hoffnung, dass Gott für ihre zarten Säuglinge sorgen würde. Um sie vor den ägyptschen Soldaten zu schützen, brachte Gott sie auf wundersame Weise an das andere Ufer des Flusses, wo Er sie versorgte. Später, als die Kinder herangewachsen waren und die Gefahr vorüber war, kehrten sie zu ihren Eltern zurück und erzählten diesen von den Wundern, die sie erlebt hatten.

Am siebten Tag des Monats Adar[8] im Jahr 2368 nach jüdischer Zählung wurde ein Junge im Hause von Amram und Jochebed geboren. Amram nannte seinen Sohn Jekutiel, doch später und in Ewigkeit würde er unter dem Namen Mose berühmt werden. Bis das Kind drei Monate alt war, konnte Jochebed die Existenz ihres Sohnes vor den Ägyptern geheim halten, denn er war bereits im sechsten Schwangerschaftsmonat zur Welt gekommen. Nach Ablauf der neun Monate beobachteten die Ägypter das Haus Jochebeds, und die Nachbarn warnten sie, die Soldaten würden das Kind suchen. Jochebed versteckte ihr Kind so gut, dass die Soldaten es nicht finden konnten, und die Nachbarn warnten sie weiter: »Weißt du denn nicht, dass die ägyptischen Frauen sehr listig sind? Sie werden ihre kleinen Kinder an deinem Haus

8. Hebräische Bezeichnung für den sechsten Monat laut jüdischem Kalender

vorbeitragen und sie zum Weinen bringen, damit dein Kind auch zu schreien anfängt und sich so selbst verrät, wenn es das Weinen der anderen Kinder hört.«

Jochebed bekam Angst um das Leben ihres Sohnes und entwarf einen Plan: Sie fertigte ein wunderschönes Weidenkörbchen mit einem Baldachin an, das sie mit Teer einstrich, um es wasserdicht zu machen. Sie nahm ihr Kind, ging zusammen mit ihrer Tochter Miriam zum Nil und setzte das Körbchen auf das Wasser. In einiger Entfernung wartete sie dann, um zu sehen, was mit dem Kind geschehen und wie Gott sein Versprechen verwirklichen würde.

Als das Kind auf dem Wasser ausgesetzt wurde, sahen die Astrologen des Pharaos jedoch voraus, dass der Erlöser der Kinder Israels in den Nil geworfen wurde. Diese Nachricht verkündeten sie sofort ihrem König, der darauf sein Dekret, alle Neugeborenen in den Nil zu werfen, zurücknahm.

Gottes Pläne sind unergründlich: Die gleichen Menschen, die dem Kind schaden wollten, wurden von Gott dazu benutzt, es zu retten und zu erziehen.

Am gleichen Tag ging Batja, die Tochter des Pharaos, zum Baden an den Fluss, denn sie litt an Lepra. Dort entdeckte sie das Weidenkörbchen im Schilf und sah, dass sich ein Kind darin befand. Sie befahl ihrer Dienerin, ihr das Kind zu bringen, aber diese weigerte sich, weil sie nicht gegen den Befehl des Königs verstoßen wollte. Batja ging also selbst, das Kind zu holen. In dem Moment aber, als sie das Kind berührte, verschwand ihre Lepra und sie war geheilt. Sie verstand, dass dieses Kind ein gerechtes war, und beschloss, es zu adoptieren und aufzuziehen. Sie nannte den Jungen Mose, was bedeutet »Ich habe ihn aus dem Wasser gerettet«.

Der Midrasch vermittelt, dass Gott über Batja sagte: »Du hast ein Kind, das nicht deines war, gerettet und adoptiert, hast es ›meinen Sohn‹ genannt, daher gebe Ich dir den Namen ›Meine Tochter‹«, denn Batja heißt ›Gottes Tochter‹.

Als das Kind Mose zu weinen anfing, wusste Batja, dass es Hunger hatte und ließ eine Amme holen. Eine ägyptische Amme kam, aber Mose wollte sich nicht von ihr säugen lassen. Batja ließ eine andere Amme rufen.

Zu dieser Zeit tauchte Miriam auf, die alles beobachtet hatte, und fragte Batja, ob sie einverstanden sei, dass sie eine jüdische Amme suchte. Miriam holte ihre Mutter, der Batja das Kind anvertraute, um es gegen eine gute Belohnung zu ernähren.

Jochebed hatte viele jüdische Kinder vor dem Tod gerettet und nun war es Gott, der sie belohnte, indem Er ihren eigenen Sohn rettete und ihr die Möglichkeit gab, ihn aufzuziehen. Jochebed stillte Mose 24 Monate lang, dann brachte sie ihn in den Palast zu Batja.

Mose wuchs heran und entwickelte sich. Er wurde von allen, die ihn sahen, auf Anhieb gemocht, selbst der Pharao hatte ihn sehr gern. Als Mose drei Jahre alt war, geschah etwas Ungewöhnliches. Der Pharao, die Königin, zahlreiche Minister und Batja, mit Mose auf ihren Knien, saßen am Tisch. Mose kletterte von den Knien seiner Mutter, ging auf den König zu, nahm ihm die Krone ab und setzte sie auf seinen eigenen kleinen Kopf. Die Überraschung war so groß, dass zunächst niemand reagierte. Nach einigen Augenblicken rief Bileam, der Prophet der Heiden, aus: »Erinnert ihr euch, was ich euch über euren Traum gesagt habe? Dieser kleine Junge ist sicher Jude und ich fürchte, dass er es sein wird, der euch eines Tages eure Krone und euer mächtiges Reich abnehmen wird. Er muss umgehend getötet werden, bevor es zu spät ist!«

Der Pharao, der Mose liebte, fragte die anwesenden Minister, ob sie der gleichen Meinung wie Bileam waren und dann antwortete ein Engel Gottes durch einen der Minister: »Bevor Sie dem Jungen Schaden zufügen, unterziehen sie ihn wenigstens einer Prüfung. Man soll zwei Schüsseln vor ihn stellen, die eine mit Gold und die andere mit glühenden Kohlen gefüllt. Wenn er die Hand nach der Schüssel mit den Kohlen ausstreckt, bedeutet es, dass das Kind nicht klug ist und dass es von allem, was glänzt, angezogen wird. Dann muss das Kind verschont werden. Wenn Mose aber die Hand nach dem Gold ausstreckt, heißt es, dass er die Krone an sich nehmen will. Dann muss man ihn töten.«

Der König war mit dem Experiment einverstanden und die beiden Schüsseln wurden vor Mose hingestellt. Er streckte seine Hand nach dem Gold aus. Der Engel Gabriel stieß die kleine Hand daraufhin in die andere Richtung, damit sie die Kohle nahm. Mose verbrannte sich die Hand und nahm sie zum Abkühlen in den Mund. So hatte der Engel Gabriel Mose gerettet, aber von da an konnte dieser sein ganzes Leben lang nur unter großen Schwierigkeiten sprechen.

Der treue Hirte: Mose

Exodus 3–4,17

Mose wuchs im prächtigen Palast des Pharaos auf und genoss dort die Erziehung eines Prinzen. Als er älter war, wurde er beauftragt die Bauarbeiten der Sklaven zu überwachen. Eines Tages, als er sah, wie ein Sklave zu Unrecht von einem Aufseher geschlagen wurde, empörte er sich und versetzte diesem seinerseits einen tödlichen Schlag. Aus Angst denunziert zu werden, beschloss Mose, das Land schleunigst zu verlassen.

Nachdem er aus Ägypten geflohen war, lebte Mose im Lande Kusch, später dann siedelte er sich in Midian an. Dort heiratete er mit 76 Jahren Zippora, Jethros Tochter und ein Jahr später wurden Mose zwei Söhne, Gerschom und Elieser, geboren.

Im Jahre 2447 war Mose 79 Jahre alt und führte ein friedliches Leben als Hirte im Land Midian. Eines Tages sah er, wie sich ein Lamm von der Herde entfernte. Mose folgte ihm über Felder und Berge und fand es schließlich trinkend an einem plätschernden Bach. Mose sagte sanft zu dem Lamm: »Ich wusste nicht, dass du Durst hattest. Du musst müde sein nach diesem langen Weg, sicher hast du nicht mehr die Kraft zurückzulaufen.« Mose nahm das Lamm auf seine Schultern und brachte es zu der Herde zurück.

Gott sprach: »Da du solch ein Mitleid hattest mit einem armen kleinen Lamm, das durstig war und das Teil einer Herde ist, die einem Sterblichen gehört, weiß Ich, dass du Mitleid mit jedem einzelnen Menschen haben wirst. Deshalb vertraue Ich dir die Herde an, die mir gehört: das Volk Israel.«

Eines Tages führte Mose seine Herde durch die Wüste und konnte weder Weideland noch Wasser finden. Er wanderte weiter und die Herde folgte ihm treu. So liefen sie 40 Tage lang, ohne etwas zu essen oder zu trinken, und nur durch ein Wunder überlebten Mose und die Tiere. Der Midrasch vermittelt, Gott wollte Mose erleben lassen, dass er 40 Tage lang in der Wildnis überleben konnte und somit in der Lage sein werde, das jüdische Volk 40 Jahre lang durch die unfruchtbare Wüste zu leiten.

Mose war am Fuße eines gewaltigen Hügels angelangt, dem Berg Sinai. Dort wachte er über seine Herde, als er plötzlich auf dem Hügel einen brennenden Dornenbusch sah, und obwohl die Flammen an den Ästen züngelten, verbrannte der Busch nicht. Mose war von dieser wundersamen Vision tief beeindruckt und beschloss, den Berg zu besteigen. Ein Engel rief: »Mose, Mose! Tritt nicht näher, ziehe deine Schuhe von den Füßen, denn die Stelle, auf der du stehst, ist heiliger Boden …« Nachdem Mose seine Schuhe ausgezogen hatte, rief ihn Gott mit seines Vaters Stimme: »Mose, Mose!« Er antwortete: »Hier bin ich, was möchte mein Vater von mir?« Gott erwiderte: »Ich bin nicht dein Vater, Ich bin der Gott deines Vaters und der von Abraham, Isaak und Jakob. Ich habe die Stimme deines Vaters angenommen, um dich nicht zu erschrecken.« Da wandte Mose sein Gesicht ab, denn er fürchtete sich, zu Gott aufzuschauen. Gott sagte daraufhin: »Weil du mich geehrt hast und dein Gesicht verborgen hast, schwöre Ich, dass du später in der Lage sein wirst, am Berg Sinai 40 Tage und Nächte ohne Essen und Trinken, nur von der Herrlichkeit meiner Gegenwart genährt, zu überleben. Ich habe das Elend meines geliebten Volkes in Ägypten gesehen und ihre Klagen über ihre Unterdrücker gehört. Deshalb habe Ich beschlossen, die Kinder Israels von ihrem ägyptischen Joch zu befreien und sie in das Land zu führen, in dem Milch und Honig fließen. Und nun, gehe zum Pharao, vor dem du geflohen bist und bringe mein Volk aus Ägypten heraus!«

Mose war ein demütiger Hirte, doch durch die Überraschung über diese plötzliche Offenbarung Gottes hatte er noch nicht realisiert, dass Gott ihn auserwählt hatte, um das Volk zu befreien und der größte Prophet Israels aller Zeiten zu werden. So versuchte Mose, diesen einzigartigen Auftrag abzulehnen und erwiderte: »Wer bin ich, dass ich zum Pharao gehen und die Kinder Israels aus Ägypten führen soll? Herrscher der Welt, hast du nicht Jakob versprochen, dass deine Schechina[9] mit ihm zusammen nach Ägypten gehen und ihn von dort in das Land Kanaan begleiten wird? Und jetzt willst du mich an seiner Stelle schicken?«

Mose fuhr fort, mit Gott zu diskutieren und hoffte inständig, dass Gott ihn von seinem Auftrag befreien

9. Die göttliche Gegenwart

werde: »Wer bin ich, dass ich sie leiten soll? Selbst wenn du mir aufgetragen hättest, einige hundert Menschen zu führen, hätte ich das als sehr schwer empfunden, aber 600 000 Menschen! Ich kann sie weder vor der glühenden Hitze im Sommer noch vor der klirrenden Kälte im Winter beschützen. Wie soll ich sie ernähren? Es werden Schwangere dabei sein, Frauen, die gerade entbunden haben, und ihre kleinen Kinder …«

Gott antwortete ihm: »Der wenige Teig, den die Kinder Israels mit sich nehmen werden, wenn sie Ägypten verlassen, wird 30 Tage lang reichen. So wirst du überzeugt sein, dass du dir auch in der Zukunft keine Sorgen um ihre Bedürfnisse machen musst.«

Mose diskutierte weiter: »Es ist gefährlich für mich, in den Palast des Pharaos zurückzukehren, in ein Nest von Räubern und Mördern!« Gott antwortete ihm: »Ich werde mit dir sein!« Mose fragte, welchem Verdienstes die Kinder Israels zu verdanken haben, erlöst zu werden. Gott erklärte, dass diese Verdienste in der Thora liegen, die das Volk Israel auf diesem gleichen Berg in der Zukunft empfangen würde. Mose wollte schließlich wissen: »Wenn man mich fragt, wer mich schickt, was soll ich dann antworten?« Gott sagte ihm, dass Er verschiedene Namen habe: Gott der Gerechtigkeit, Gott der Armen, Gott der Barmherzigkeit … und in diesem Fall: »Ehje Ascher Ehje«, was heißt »Ich bin der, der Ich bin«, und Gott sagte ihm: »Wenn man dich fragt, wer dich beauftragt hat, antwortest du: Es ist »Ehje«, der mich geschickt hat.«

Gott sprach weiter: »Gehe zu den Ältesten und verkünde ihnen, dass Ich die Kinder Israels aus Ägypten befreien werde. Dann begibst du dich mit ihnen zum Pharao und sagst ihm: ›Der Ewige, der Gott der Kinder Israels, hat sich uns offenbart, bitte lasst uns eine dreitägige Reise in die Wüste machen, während derer wir unserem Gott Opfer darbringen können.‹« Gott offenbarte Mose außerdem, dass der Pharao diese Bitte ausschlagen und die Sklaverei noch härter machen werde. Auch erklärte Gott ihm ausführlich seinen Plan, Ägypten mit den zehn Plagen zu bestrafen, und dass Er anschließend das Volk Israel mit großen Reichtümern aus dem Land führen werde.

Mose war noch immer beunruhigt und sagte, dass die Kinder Israels ihm nicht glauben und ihm nicht zuhören würden, indem sie behaupteten: »Gott hat sich dir nicht offenbart!« Aber Gott ärgerte sich über Mose und befahl ihm, seinen Hirtenstab zu Boden zu werfen. Mose gehorchte, da verwandelte sich der Stab in eine quicklebendige Schlange. Mose bekam Angst und wollte davonlaufen, doch Gott sagte zu ihm: »Du hast eine böse Zunge wie eine Schlange.« Er forderte Mose auf, die Schlange an ihrem Schwanz zu berühren, worauf sich die Schlange unmittelbar wieder in einen toten Stab verwandelte. Dieser verwandelte Hirtenstab diente zum einen dazu, Mose zu bestrafen, weil er schlecht über die Kinder Israels gesprochen hatte, zum anderen konnte Mose diese wunderbare Verwandlung später wieder vorführen, um zu beweisen, dass er der Erlöser war.

Gott gab Mose ein zweites Zeichen und sagte ihm, dass er die Hand auf seine Brust legen sollte. Als nun Mose seine Hand zurückzog, war sie aussätzig und weiß wie Schnee. Gott verlangte von Mose, die Hand erneut auf seine Brust zu legen, aber diesmal zog er sie geheilt zurück. Gott sprach zu ihm: »Wenn die Kinder Israels dich fragen werden, wie sie erlöst werden könnten, nachdem sie durch ihren ägyptischen Götzendienst unrein geworden sind, sag ihnen, so wie Ich deine Hand geheilt habe, so werde Ich sie völlig von ihrem ägyptischen Götzendienst reinigen.«

Dann gab Gott ihm ein drittes Zeichen und sagte: »Du wirst diese drei Zeichen vorführen und somit beweisen, dass der Gott ihrer drei Vorfahren Abraham, Isaak und Jakob dir erschienen ist. Wenn du Wasser aus dem Fluss nimmst und es auf trockenen Boden gießt, wird sich das Wasser in Blut verwandeln.

Mose weigerte sich weiterhin: »Ich bin nicht der passende Bote, um deine gewaltige Größe zu verkünden. Ich bin kein guter Redner, denn ich habe eine schwere Zunge. Herrscher der Welt, ich weiß, dass du jedes Glied des Körpers zu einem spezifischen Zweck geschaffen hast, welchen Sinn hat meine schwere Zunge? Gib mir die Kunst der Rede, damit ich das Volk angemessen überzeugen kann!« Gott antwortete: »Wer hat dem ersten Menschen, Adam, die Kunst der Sprache erteilt? Wer macht die Menschen taub oder stumm? Wer hat verursacht, dass die Soldaten des Pharaos taub und stumm geworden sind, als du geflohen bist? Ich werde mit dir sein und dir beibringen, was du zu sagen hast!«

Gott versuchte sechs Tage lang, Mose zu überzeugen, die Leitung des jüdischen Volkes zu übernehmen. Am siebten Tag schlug Mose vor, seinen Bruder Aaron für die Leitung auszuwählen, da er älter als Mose war und schon früher in Ägypten prophezeit hatte.

Gott sprach: »Aaron wird nicht enttäuscht sein, dass du der Auserwählte bist. Im Gegenteil, er wird sich für dich freuen, er wird dir ein hilfreicher Partner bei deinem Auftrag sein. Du wirst auf Hebräisch reden und er wird dem Pharao deine Worte übersetzen, also musst du kein guter Redner sein, um den Pharao zu überzeugen. Nimm deinen Stab, mit dem du Zeichen setzen wirst, und schlage ihn damit, das ist die einzige Sprache, die er versteht!«

Als Gott zu Mose sprach, teilte sich seine Stimme in zwei und Aaron in Ägypten hörte ebenfalls die göttliche Stimme, die ihm befahl, seinem Bruder Mose in die Wüste entgegen zu gehen.

So ging Mose in Midian zu seinem Schwiegervater, um sich von ihm zu verabschieden und ihn um die Erlaubnis zu bitten, seine Frau und seine zwei Kinder mitnehmen zu können. Jethro fragte ihn, wohin er sie brächte. Mose antwortete, dass er nach Ägypten zurückkehren wolle, in die Nähe seiner Brüder, um zu sehen, ob sie noch am Leben seien. Jethro erwiderte: »Warum willst du sie dorthin bringen? Die Juden, die in Ägypten leben, wären froh, wenn sie auswandern könnten. Warum möchtest du mit deiner Frau und deinen Kindern die Anzahl der Sklaven vergrößern?« Mose antwortete: »Die Kinder Israels werden in der Zukunft am Berg Sinai stehen und die Worte ›Ich bin der Ewige, dein Gott …‹ hören. Sollen meine Kinder bei Gottes Offenbarung etwa nicht dabei sein?« Jethro gab ihm Recht und wünschte ihm, in Frieden zu gehen.

Im gleichen Augenblick, in dem Mose das Land Midian verließ, machte sich Aaron auf den Weg aus

Ägypten, um seinem Bruder entgegenzugehen. Sie trafen sich am Berg Sinai und küssten einander. Als er die Frau und die Kinder in der Nähe von Mose sah, wollte er wissen, wer sie seien, und Mose antwortete: »Das sind meine Frau und meine Kinder.« Aaron fragte, wohin er sie mitnehmen wolle, worauf Mose antwortete: »Nach Ägypten.« Aaron rief: »Die Juden, die dort leben, leiden so sehr und du willst noch mehr Menschen dorthin bringen?«

Mose erzählte Aaron, dass Gott ihn als Erlöser auserwählt hatte, und Aaron, nicht im Geringsten neidisch, freute sich für seinen Bruder. Gemeinsam begaben sie sich nach Ägypten, wo sie die Ältesten, die Anführer der Kinder Israels, versammelten. Mose führte ihnen die Zeichen vor, die er von Gott erhalten hatte, und sie gingen alle zusammen in den Palast des Pharaos. Vor dem Eingang des Palastes sahen sie ein erschreckendes Bild: eine Vielzahl von verletzten und ermordeten jüdischen Sklaven. Von den Ältesten beschloss einer nach dem anderen, Mose und Aaron nicht zum Pharao zu begleiten. Mose sprach zu seinem Bruder: »Sie haben keinen Befehl von Gott erhalten, wir aber schon.« So gingen sie zu zweit zum Pharao.

Gott belohnt und bestraft jeden, je nach seinen Taten. So wie die Ältesten sich geweigert hatten, Mose zum Pharao zu begleiten, ließ Gott sie im Hintergrund, als die Thora am Sinai verkündet wurde. Nur Mose durfte auf den Gipfel des Berges steigen, um die Thora in Empfang zu nehmen.

Auf dem Weg in die Freiheit

Exodus 7–12,13; 12,29–39

Mose und Aaron hatten sich zum Pharao begeben, um ihm die einfache Botschaft Gottes zu vermitteln: »Lass mein Volk gehen!« Diese Botschaft duldete keinen Widerspruch, aber der Pharao war so stolz und hartnäckig, dass er sich weigerte, den göttlichen Befehl auszuführen, und er verwies Mose und Aaron des Palastes. Gott schickte daraufhin eine erste Warnung in Form einer Plage und forderte Mose auf, seinem Bruder zu befehlen, seinen Stab gegen die Gewässer Ägyptens auszustrecken. Sofort wurden alle Gewässer in Ägypten, die reißenden Ströme, die Flüsse, die stillen Teiche und alles in den Wasserbehältern zu Blut verwandelt.

Dies war für den Pharao sehr beeindruckend, denn der Nil galt als ein heiliger Fluss. Er musste mit ansehen, wie alle Fische starben und wie es kein Trinkwasser mehr gab. Nach sieben Tagen ließ der Pharao Mose und Aaron zu sich rufen, um mit ihnen über die Freiheit der Kinder Israels zu verhandeln. Gott nahm die Plage zurück und stellte seine Bedingungen: Wenn der Pharao seine Worte nicht einhielt, würde Er ihm weitere furchtbare Plagen schicken. Und als die Gewässer wieder ihre normalen Eigenschaften angenommen hatten, bereute der Pharao, auf Gottes Bedingungen eingegangen zu sein und so auch seine vorschnelle Entscheidung, das jüdische Volk ziehen zu lassen.

Nach drei Wochen wurde Ägypten mit einer Froschplage bestraft. Die glitschigen Frösche krochen aus dem Nil und breiteten sich überall aus: in den Häusern bis in die Betten, in den Öfen und Vorratsbehältern. Nicht nur ihre Anwesenheit und ihr lautstarkes Gequake waren unerträglich, die Frösche waren so zahlreich, dass sie keinen mehr zur Ruhe kommen ließen und alle Nahrung verdarben.

Es folgten weitere Plagen und jede dauerte genau sieben Tage lang. Zunächst kam lästiges Ungeziefer über das ganze Land, über Mensch und Vieh. Dann überfielen wilde Tiere massenhaft die Städte und griffen deren hilflose Bewohner an. Als Nächstes kam eine sehr schwere Pest über die Tiere auf den Weiden. Pferde, Esel, Kamele, Rinder und Schafe, alles Vieh der Ägypter starb. Danach breitete sich ein seltsamer Staub aus, der schlimme Geschwüre an Menschen und Tieren ausbrechen ließ. Dann ließ Gott einen starken Hagel gemischt mit Feuer auf das Land niederprasseln, so dass Menschen und Tiere verletzt und die Bäume zusammen mit der übrigen Vegetation zerstört wurden. Anschließend bedeckte eine entsetzliche Heuschreckenplage das ganze Land und fraß alle Reste, die den zerstörerischen Hagel überstanden hatten. Schließlich legte sich drei Tage lang eine derart dichte Finsternis über Ägypten, dass niemand den anderen sehen konnte. Am letzten Tag einer Plage versprach der Pharao, dass er die Kinder Israels ziehen lassen werde, doch sobald die Plage beendet war, verleugnete er seine Worte.

Während die Plagen nacheinander Ägypten überfielen, blieben die Kinder Israels, die in der Provinz Gosen lebten, von all der Not verschont.

Am ersten Tag des Monats Nissan[10] im Jahr 2448 verkündete Gott durch Mose und Aaron dem jüdischen Volk, dass am zehnten Tag des Monats jede Familie ein unversehrtes männliches Lamm von einem Schaf oder einer Ziege nehmen und dieses vier Tage später schlachten sollte. Mose erklärte den Kindern Israels, was dieses Passah-Opfer zu bedeuten hatte. Er sagte: »Wenn ihr das Land Israel betretet, werden euch eure Kinder nach dem Sinn dieses Lamms, dass am 14. Nissan geopfert wurde, fragen. Sagt ihnen: ›Das ist ein Passah-Opfer für Gott, der an unseren Häusern vorüberzog und uns befreite‹.« Als das Volk Moses Worte hörte, dankte es Gott, denn die Kinder Israels verstanden die Botschaft. Sie würden sehr bald frei sein, nach Israel, dem Land ihrer Vorfahren, heimkehren und schließlich sollten sie Nachkommen haben, die keine Sklavendienste mehr verrichten müssten.

Doch gab es auch eine Bedingung, von dem Lamm essen zu dürfen: Alle Männer sollten beschnitten werden. Mose erklärte, dass die Beschneidung ein Zeichen dafür sei, dass die Juden Gottes Diener und nicht Diener der Menschen sind.

Die Menschen strömten also zu Mose, um beschnitten zu werden, und so vollzogen er selbst und sein Schüler Josua diese heilige Aufgabe. Zahlreiche

10. Hebräische Bezeichnung für den siebten Monat des jüdischen Kalenders

Ägypter, die auch den Kindern Israels angehören wollten, ließen sich ebenfalls an diesem Tag beschneiden, um von dem Passah-Lamm essen zu dürfen und aus Ägypten auszuwandern.

Mit dem Blut der geschlachteten Lämmer sollten die Kinder Israels die Türpfosten und die Oberschwelle ihrer Häuser bestreichen. Diejenigen, die sich gerade hatten beschneiden lassen, sollten ihr eigenes Blut ebenfalls auf die Türpfosten streichen. Die Lämmer sollten in der Nacht zum 15. Nissan am Feuer gebraten und mit ungesäuertem Brot und bitteren Kräutern verzehrt werden.

Die Kinder Israels erfüllten diese beiden Gebote, durch deren Verdienste sie schließlich erlöst wurden.

Die meisten Ägypter waren nach den Plagen vollständig ausgerottet und sogar die Vertrauten des Pharaos rieten ihm: »Lass die Leute gehen … Merkst du denn noch nicht, dass Ägypten zugrunde geht?« Als die Kinder Israels während der Finsternis in die ägyptischen Häuser eingedrungen waren, hatten sie allerlei Wertgegenstände gesehen, aber sie hatten nichts davon mitgenommen. Nach Beendigung dieser Plage hatten sie sich erneut zu ihren ehemaligen Feinden begeben und baten als Gegenleistung für ihre unbezahlten Jahre in der Sklaverei um die Wertgegenstände, die sie gesehen hatten. So gaben die Ägypter freiwillig alles, was die Kinder Israels haben wollten.

Zur Vorbereitung auf das Passah-Opfer hatten die Kinder Israels die ausgesuchten Lämmer schon am 10. Nissan an ihre Bettpfosten gebunden, wie Gott es befohlen hatte. Das Lamm wurde bei den Ägyptern als ein göttliches Geschöpf angesehen und als sie sahen, dass diese heiligen Tiere zur Schlachtung vorbereitet wurden, brachen sie in bittere Tränen aus, denn dieser traurige Anblick schmerzte sie mehr als alle Plagen zuvor. Doch selbst als die Lämmer von den Juden geschlachtet und gegessen wurden, reagierten die Ägypter nicht.

Das ägyptische Volk hatte seine Lektion gelernt, der Pharao jedoch noch nicht. Gott hatte die schlimmste und schrecklichste aller Plagen für die Nacht des 15. Nissan aufgespart. Die Kinder Israels sollten ihre Lämmer essen und sich für die Auswanderung mit ihren Bündeln auf dem Rücken und dem Stab in der Hand bereithalten. Um Mitternacht zog Gott über das Land Ägypten und ließ alle ägyptischen Erstgeborenen töten. Das Blut an den Türpfosten der jüdischen Häuser bewirkte, dass Gott an diesen vorüberzog und deren Bewohner verschonte.

Als alle Erstgeborenen Ägyptens in dieser Nacht getötet wurden, selbst der Sohn des Pharaos, gab es ein riesiges Schmerzgeschrei im ganzen Land. Der Pharao überwandt seine Trauer und seinen Stolz und machte sich mit seiner Tochter Batja auf den Weg zum Lande Gosen, um Mose zu suchen, denn er wusste, dass dieser niemals wieder in den Palast zurückkehren würde.

Unter großen Schwierigkeiten fand er schließlich das Haus des jüdischen Erlösers und klopfte an dessen Tür. Mose fragte: »Wer ist da?« Der Pharao stellte sich so demütig wie möglich vor und bat Mose, zu ihm in den Hof hinauszukommen, weil er mit ihm zu sprechen habe. Mose und sein Bruder Aaron waren gerade dabei, ihr Passah-Lamm zu essen, so wie alle anderen Juden in Ägypten. Dann antwortete Mose dem Pharao, dass er nicht herauskommen könnte, da Gott den Kindern Israels verboten hätte, ihre Häuser vor Sonnenaufgang zu verlassen. Der Pharao bat ihn daraufhin, durch das Fenster mit ihm sprechen zu dürfen. Mose ging darauf ein, beugte sich aus dem Fenster und der Pharao warf sich vor ihm zu Boden und flehte ihn an, das Land unmittelbar mit allen Kindern Israels zu verlassen. Mose wiederholte: »Gott hat uns befohlen, bis zum Sonnenaufgang in unseren Häusern zu bleiben. Sind wir etwa Diebe, dass wir mitten in der Nacht fliehen müssten?« Der Pharao ließ nicht locker: »Mir wäre es lieber, wenn ihr euch sofort auf den Weg macht. Ich gebe euch so viele Tiere und so viele Diener, wie ihr wollt, um euch zu begleiten.«

»Warum diese plötzliche Eile?«, fragte Mose. »Ich bin auch ein Erstgeborener und ich fürchte, dass ich auch bald sterben muss, wenn ihr noch länger hier bleibt«, gab der Pharao zu. Mose erwiderte: »Hab keine Angst, denn Gott wird dich am Leben halten, damit du seine Wunder weiterhin bezeugen und seine Größe verkünden kannst.«

Batja, des Pharaos Tochter, wandte sich darauf an Mose: »Sieht so deine Dankbarkeit aus für diejenigen, die dich erzogen haben? Warum hast du so viel Leid in das Haus meines Vaters gebracht?« Mose fragte sie, ob sie durch eine der Plagen geschädigt worden sei. »Da du die erstgeborene Tochter bist, hättest du auch während der letzten Plage sterben müssen, aber ich betete für dich, Gott erhörte meine Gebete und verschonte dich.«

Der Pharao fragte, was er tun könne, um diese Plage abzuwenden. Mose antwortete, dass er so laut wie möglich ausrufen sollte, dass die Kinder Israels von nun an freie Menschen seien. Der Pharao erhob seine Stimme und verkündete: »Hört mir zu, Kinder Israels, ihr seid frei, das Land zu verlassen! Bis jetzt ward ihr die Diener des Pharaos, ab jetzt seid ihr Gottes Diener!«

Ein Wunder geschah und die Stimme des Pharaos wurde so laut, dass die Freiheitsbotschaft in ganz Ägypten hörbar wurde. Der Pharao war aber immer noch nicht zufrieden und in einem Anflug von Güte ging er von Haus zu Haus, um jedem Juden einzeln zu sagen: »Leb wohl und geh in Frieden!«

Als die Freiheitsbotschaft des Pharaos vernommen wurde, trafen die Kinder Israels die letzten Vorbereitungen, denn der Sonnenaufgang stand kurz bevor und die Stunde des Aufbruchs nahte. Sie hatten ihren frischen Brotteig, bevor er gesäuert hatte, in Tücher eingeschlagen und auf ihre Schultern geladen. So verließen sie das Land mit den Wertgegenständen der Ägypter, etwa 600.000 Männer mit Frauen und Kindern. Ebenso begleitete Batja Mose auf dem Weg in die Freiheit.

Aus dem Teig, den das jüdische Volk aus Ägypten mitgenommen hatte, wurden von der heißen Sonne ungesäuerte Fladen gebacken, denn die Kinder Israels wurden so eilig aus Ägypten vertrieben, dass der Teig, den sie für ihr armseliges Brot geknetet hatten, nicht mehr säuern konnte.

Bis zum heutigen Tag essen die Kinder Israels in der ganzen Welt während der acht Tage des Passahfestes ungesäuertes Brot, also Mazzen, um sich an dieses bedeutende Ereignis zu erinnern.

Durch das Rote Meer

Exodus 13,17–15,21

Nachdem die Kinder Israels Ägypten verlassen hatten, begannen sie, sich an die Freiheit zu gewöhnen und reisten zunächst nach Ramses, von dort nach Sukkot und weiter nach Etam, was am Rande der Wüste lag. Die Männer wurden von Mose und Aaron geleitet und die Frauen von Moses Schwester Miriam. Mose bildete ein großes Lager, in dem sich die Familien je nach ihrer Stammeszugehörigkeit versammelten.

Der Pharao selbst ging bis zu ihrer ersten Station Ramses mit ihnen. Als er jedoch zurück in seinem Palast war, machten ihm die Adligen seines Hofs, die die letzte Plage überlebt hatten, Vorwürfe, weil er die Kinder Israels hatte gehen lassen. Sie erklärten ihm das Ausmaß des Verlustes, den das Land nach dem Auszug des jüdischen Volkes erlitten hatte. Allmählich fing der Pharao an, seinen Entschluss zu bedauern.

Als Gott die Kinder Israels aus der ägyptischen Sklaverei befreite, geschah das mit dem Ziel, dass sie seine treuen Diener sein sollten. Doch Gottes Herrschaft unterscheidet sich von der Herrschaft eines Menschen. Ein Mensch erwartet z. B. von seinem Diener, dass dieser ihn wäscht, ihn kleidet, sein Gepäck trägt und in der Nacht eine Laterne vor ihm her trägt, um den holprigen Weg zu beleuchten. Gott in seiner Liebe für seine Kinder erwartet keinerlei Dienstleistungen dieser Art, im Gegenteil, während ihrer gesamten beschwerlichen Wanderung durch die Wüste, versorgte Gott sie reichlich mit Nahrung und Wasser.

Sieben Wolken des Ruhmes begleiteten die Kinder Israels auf ihrem Weg. Vier dieser Wolken umgaben das Lager, die Wolke über ihnen diente zum Schutz vor der brennenden Sonne und die sechste legte sich unter sie, um den Weg zu ebnen und giftige Schlangen sowie Skorpione fernzuhalten. Die siebte Wolke zog voran, um ihnen den Weg zu zeigen, und in der Nacht wurde diese siebte Wolke auf wundersame Weise durch eine strahlende Feuersäule ersetzt, die das Lager beleuchtete.

Nach dem dritten Reisetag verlangte Gott von Mose, dass er das jüdische Volk zurück in Richtung Ägypten führen sollte. Dadurch wollte Gott den Pharao täuschen, damit dieser glaubte, dass das jüdische Volk seinen Weg verloren hatte. So könnte er seine starke Armee den wehrlosen Flüchtlingen hinterherschicken. Gottes Absicht war es, die Kinder Israels durch das Rote Meer zu führen, wo die ägyptischen Soldaten ertrinken sollten, was als angemessene Strafe anzusehen war für das Ertränken der jüdischen Neugeborenen im Nil zum Zeitpunkt von Moses Geburt, etwa 80 Jahre zuvor. Gott führte das Volk bis nach Pitom ans Ufer des Meeres, einem Ort inmitten der Wüste in der Gegend des großen ägyptischen Idols Baal-Zefon.

Als der Pharao erfuhr, dass das jüdische Volk nicht weit von dem Idol Baal-Zefon lagerte, nahm er an, dass es sich in der Wüste verlaufen hatte, jubelte und bereitete mit neuer Begeisterung eine Armee zur Verfolgung der Kinder Israels vor. Die Ägypter waren jedoch eher unwillig, die Befehle des Pharaos zu befolgen. Aus diesem Grund bediente er sich listiger Versprechungen und behauptete sogar, dass er mit seinem Streitwagen nicht hinter der Armee herfahren würde, um sich wie ein König zu schützen, sondern dass er ihnen voranziehen würde. Die Ägypter fragten ihn nach dem Grund für dieses ungewöhnliche Verhalten und er antwortete, dass dieser Krieg nicht gegen das jüdische Volk gerichtet sei, sondern gegen dessen Gott höchstpersönlich und daher müsste er an vorderster Front kämpfen. Er versprach zudem, die Beute gerecht unter allen freiwilligen Beteiligten an diesem neuen Krieg aufzuteilen. Der Pharao wählte 600 der besten Streitwagen Ägyptens aus und zahlreiche andere Wagen mit tausenden Soldaten. Die Pferde, die er anspannen ließ, waren von frommen Ägyptern in die Ställe gebracht worden, um sie damals vor der Hagelplage zu beschützen.

Die Bereitstellung der Armee geschah sehr schnell und die Ägypter beeilten sich in ihrer Verfolgung so sehr, dass sie schon nach einem Tag in der Nähe des Lagers der Kinder Israels ankamen. Am siebten Tag nach dem Auszug aus Ägypten, als die Kinder Israels ahnungslos am Ufer des Roten Meeres standen, erblickten sie hinter sich die ägyptische Armee mit dem Pharao an der Spitze. Ihnen gegenüber lag das Wasser. Links und rechts gab es nur weite Wüste mit gefährlichen Tieren. Daher waren die Kinder Israels verzweifelt und begannen sich zu fürchten. Einige beklagten sich bei Mose: »Warum hast du uns aus Ägypten geführt? Wir haben dich gebeten, uns in Ruhe zu lassen, damit wir den Ägyptern weiter dienen können. Es wäre uns lieber gewesen, dort zu sterben als hier in der Wüste!« Dennoch sagten die Gerechten, die die Mehrheit des Volkes ausmachten: »Lasst uns Gottes Willen mit Geduld ertragen.« Manche waren der Meinung, dass sie gegen die bewaffneten Ägypter kämpfen sollten, ihnen sagte Mose: »Nein, Gott wird für euch kämpfen!«

Mose verstand die Beunruhigung und die Ungeduld seines verzagten Volkes und betete zu Gott, der ihm antwortete: »Dies ist nicht die passende Zeit für lange Gebete, denn meine Kinder sind in Not. Sag ihnen, dass sie vorwärts in das Meer gehen sollen und Ich werde um ihretwegen zahlreiche Wunder vollbringen.«

Gott befahl Mose weiter, seine Hand über das Wasser zu strecken, worauf ein starker Ostwind aufkam. Die Kinder Israels setzten ihren Weg Richtung Meer bis zum Ufer fort, währenddessen ihnen die Ägypter folgten, ohne das Lager einzuholen. Als die Kinder Israels am Ufer ankamen, rollten ihnen hohe und mächtige Wellen entgegen. Doch dieses hielt sie nicht davon ab, weiter voranzugehen, um Gottes Befehl auszuführen. Es brach sogar ein Streit aus, wer das Privileg haben sollte, sich als erster in die bedrohlichen Fluten zu stürzen. Während sich die anderen noch stritten, hatte sich Nachschon, Sohn des Aminadab, das Oberhaupt des Stammes Juda, längst in das rauschende Wasser begeben. Ihm folgten sogleich der Stamm Benjamin und der Rest des Stammes Juda. Danach gingen auch alle weiteren Stämme in das Rote Meer. Die Kinder Israels gingen immer weiter in das Meer hinein und kämpften gegen die mächtigen Wellen. Ihnen stand das Wasser bereits bis zum Hals, doch das Meer hatte sich noch nicht gespalten. Mose streckte seine Hand in Richtung des tosenden Meeres aus und befahl: »In Gottes Namen, spalte dich!«

Das Spalten des Meeres war keine Kleinigkeit. Selbst wenn sich dieser Vorgang wissenschaftlich, z. B. anhand eines Seebebens, erklären ließe, bliebe es immer noch ein Wunder, weil sich das Meer genau dort und dann spaltete, als die Kinder Israels diesen Durchgang brauchten. Außerdem wurde dieses große Wunder davon begleitet, dass genau zwölf Durchgänge entstanden, für jeden der zwölf Stämme einen. Zwischen den Gängen türmten sich feste und durchsichtige Mauern aus Wasser, die ermöglichten, dass sich die Stämme untereinander weiterhin sehen konnten. Wenn jemand Durst hatte, musste er nur die Hand auf die Wassermauer legen, und sofort hatte er süßes, trinkbares Wasser zur Verfügung.

Die ägyptische Armee betrat ebenfalls das trockene Meeresbett und Gott befahl Mose, seine Hand nochmals auszustrecken, damit das Wasser die Ägypter ertränke. Der Engel der Ägypter flehte Gott an, dass Er seine Eigenschaft der Barmherzigkeit nutzen und sein Volk verschonen sollte. Aber Gott fand keine mildernden Umstände für die Ägypter, deshalb fragte der verzweifelte Engel erneut, ob Gott das jüdische Volk nicht retten könne, ohne die Ägypter auszurotten.

Gott war schon fast bereit, barmherzig zu sein, doch in diesem Moment flog der Engel Gabriel nach Ägypten und kehrte mit einem riesigen Ziegelbrocken zurück, in dem ein toter jüdischer Säugling eingemauert war.

Sofort übernahm Gott seine strenge Richterrolle und sprach das Urteil: »Die Ägypter sollen ertrinken, weil sie zu große Schuld auf sich geladen haben.« So geschah es, das Meer schloss sich über der ägyptischen Armee und riesige tosende Wellen verschlangen Soldaten und ihre Wagen, während das jüdische Volk am anderen Ufer ankam. Es gab nur einen einzigen überlebenden Ägypter, das war der Pharao selbst. Dieser gab schließlich zu, dass Gott allmächtig und gerecht ist, und von diesem Moment an lebte er im Exil und verkündete Gottes Größe.

Nachdem die Kinder Israels die großen Wunder der Spaltung des Roten Meeres erfahren hatten, wurden sie mit großer Ehrfurcht erfüllt und glaubten an Gott und an seinen auserwählten Diener Mose. Daraufhin sangen Mose und die Kinder Israels ein Lobpreislied zu Ehren Gottes: »Das ist mein Gott und ich werde ihn rühmen ...« Wer als Kind zur Zeit des Dekrets des Pharaos, alle jüdischen neugeborenen Jungen in den Nil zu werfen, auf wundersame Weise gerettet und ernährt worden war, erkannte endlich seinen damaligen Retter wieder und rief: »Das ist mein Gott und ich werde ihn rühmen...« Nach dem Gesang von Mose und den Männern, nahm Miriam die Pauke in die Hand und die Frauen zogen ebenfalls mit Pauken im fröhlichen Reigen hinter ihr her. Miriam sang ihnen vor: »Singt zu Gott, denn Er ist hoch und erhaben, Er ließ Ross und Reiter in das Meer stürzen!«

Zu diesem Zeitpunkt war den Kindern Israels Gottes Gegenwart so nahe, dass sie erstaunliche Visionen in solch wunderbarer Klarheit hatten, wobei selbst die bescheidendsten Frauen und Dienerinnen mehr erkannten als später die größten Propheten Jesaja, Jeremia und Ezekiel in ihren berühmten Visionen erfuhren.

Die Offenbarung am Sinai

Exodus 19–20,18

Am ersten Tag des dritten Monats nach dem Auszug aus Ägypten, im Jahr 2448 nach der Schöpfung der Welt, kamen die Kinder Israels in die Wüste Sinai.

Erst sechs Wochen zuvor hatten sie den ägyptischen Boden verlassen und einige Wochen gebraucht, um die seelischen Schmerzen der Sklaverei zu überwinden und sich von der ägyptischen Unreinheit zu befreien. Nun waren sie würdig, Gottes Offenbarung und die Zehn Gebote zu empfangen. Während dieser Zeit ließ Gott sie das Rote Meer durchqueren, Er kämpfte für sie gegen das grimmige Volk Amalek, das sie angriff, als sie noch schwach und nicht für den Krieg vorbereitet waren. Gott gab ihnen Wachteln und Manna, das den Geschmack der köstlichsten Speisen annahm, sowie eine erfrischende Quelle, deren Wasser wie die feinsten Getränke schmeckte. Erst danach fragte Gott, ob sie die Thora annehmen wollten, und natürlich lehnten sie sein wunderbares Geschenk nicht ab. Die Kinder Israels waren so begeistert, die Thora zu empfangen, dass sie einstimmig antworteten: »Alles, was Gott sagt, wollen wir tun!«

Doch um auch den anderen Völkern gegenüber gerecht zu sein, musste Gott ihnen ebenfalls die Thora anbieten. Er wandte sich also an die Nachfahren Esaus und fragte sie, ob sie die Thora annehmen wollten. Als diese erfuhren, dass die Thora das Töten verbietet, lehnten sie Gottes Angebot ab, weil schon Esau zu seiner Zeit getötet hatte. Dann wandte sich Gott an die Nachkommen von Amon und Moab. Diese lehnten die Thora wegen des Ehebruchverbots ab, da sie selbst aus einer außerehelichen Beziehung hervorgegangen waren. Daraufhin fragte Gott die Nachkommen Ismaels, die die Thora aufgrund des Verbots zu stehlen ebenfalls ablehnten. Sie rechtfertigten sich, indem sie sagten, dass ihr Volk nur von Diebstahl und Räuberei lebe. Auf diese Art befragte Gott nacheinander alle 70 Völker der Erde, ob sie bereit wären, die Thora anzunehmen, doch jedes Volk fand ein Gebot oder ein Verbot, das ihm nicht zusagte, und so wollte keiner Gottes Geschenk empfangen.

Gott war letztlich einverstanden, dem jüdischen Volk seine Thora zu schenken, denn das jüdische Volk hatte sich von vornherein bedingungslos bereit erklärt, sie mit allen Rechten und Pflichten anzunehmen. Dennoch zögerte Gott, er wollte Beweise, um sicherzugehen, dass dieses auserwählte Volk die Thora befolgen würde. Mose überbrachte Gott die Antwort, dass das Volk seine Vorfahren Abraham, Isaak und Jakob als Garanten vorschlug. Diesen Vorschlag lehnte Gott jedoch ab, denn die Vorfahren waren bereits tot. Daraufhin bot das Volk die Propheten an, doch Gott nahm auch diesen Vorschlag nicht an, denn diese Propheten würden in der Zukunft selbst Garanten benötigen. Schließlich schlug das Volk seine eigenen Kinder, die kommenden Generationen, vor. Als Mose Gott dieses Angebot übermittelte, war Gott begeistert und übergab dem jüdischen Volk endgültig die Thora.

Am dritten Tag nach der Ankunft der Kinder Israels am Fuße des Sinai rief Gott Mose auf den hohen Gipfel des Berges und gab ihm genaue Anweisungen, damit sich das jüdische Volk auf die Offenbarung vorbereitete. Darüber hinaus sollte Mose dem Volk vermitteln: »Ihr wart persönlich Zeugen, wie Ich die Ägypter hart bestrafte, weil sie euch grausam versklavt hatten. Ihr habt die zehn Plagen und den Auszug aus Ägypten nicht durch irgendwelche Botschaften erfahren oder davon in einem Buch gelesen, sondern ihr habt selbst gesehen und erlebt, wie gnädig Ich an Euch gehandelt habe. Obwohl die Ägypter für ihre schlimmen Verbrechen, ihren abstoßenden Götzendienst und ihre Unmoral vor eurer Ankunft in ihrem Land den Tod verdient hatten, habe Ich sie für ihre Sünden erst bestraft, als sie euch großen Schaden zugefügt haben. Ihr habt gesehen, wie Ich euch beschützt habe, als die Ägypter euch nach eurem Auszug aus dem Land verfolgt haben, und wie Ich euch durch das geteilte Rote Meer geführt habe. Nun habe ich euch zum Berg Sinai geleitet, damit ihr mir dient. Wenn ihr meinen Bund achtet, indem ihr den Schabbat hütet, euch beschneiden lasst und auf Götzendienste verzichten werdet, dann werdet ihr meine Thora erhalten und mein auserwähltes Volk sein.«

Gott sagte Mose, dass sich das Volk innerhalb von zwei Tagen vorbereiten und reinigen sollte und dass Er am dritten Tag die Thora übergeben würde. Mose fügte von sich aus hinzu, dem Volk zu verkünden, dass es für seine Vorbereitungen drei Tage Zeit haben würde. Am vierten Tag der Woche erklärte Mose: »Bereitet euch heute, morgen und übermorgen vor, denn am Schabbat wird euch die Thora überreicht werden.«

Während dieser drei Tage beobachtete Gott die Kinder Israels und stellte fest, dass die meisten körperlich behindert waren, eines war gelähmt, das andere blind oder taub. Gott sprach: »Wie kann Ich meine Thora einem Volk geben, das so viele Fehler aufweist? Doch anstatt zu warten, bis die nächste Generation herangewachsen ist, und deswegen die Thoraübergabe zu verschieben, werde Ich diese Menschen heilen.« Gott gab den Blinden ihr Augenlicht zurück, wie in der Thora geschrieben steht: »Das ganze Volk sah ...« (Exodus, 20,18). Gott heilte die Gehörlosen, denn das ganze Volk antwortete: »Was auch immer Gott sagen wird, werden wir tun und hören ...« (Exodus, 24,7). Diejenigen, die gelähmt waren, wurden ebenso geheilt, wie zu lesen ist: »Und sie standen am Fuße des Berges ...« (Exodus, 19,17).

Es war am siebten Tag der Woche, also am Schabbat, dem sechsten Tag des Monats Siwan[11] im Jahre 2448. Der Berg Sinai bebte vor Erwartung des außergewöhnlichen Ereignisses, das auf seinem Gipfel stattfinden sollte. Oberhalb des Berges erschallte ein gewaltiger Donner und feurige Blitze zuckten, die ganze Erde, all ihre Bewohner und die Vegetation hielten den Atem an. Dem jüdischen Volk, das am Fuße des Berges versammelt war, Männer und Frauen getrennt, wurden Millionen von ungeborenen Seelen seiner Nachkommen hinzugefügt, sowie die Seelen aller

11. Hebräische Bezeichnung für den neunten Monat des jüdischen Kalenders

Konvertierten, die in der Zukunft die Thora annehmen würden.

Als Gott sich mit einem Ausbruch von Feuer auf den Sinai hinabließ, bebte die Erde, und krachender Donner und Blitz erschütterten sie wie nie zuvor. Die Kinder Israels hörten den Klang eines Schofars, der immer lauter wurde und dessen Intensität anwuchs, bis es fast unerträglich war. Das Feuer des Sinai erhob sich in den Himmel und der Berg rauchte wie ein Feuerofen, so dass das ganze Volk vor Furcht zitterte. Eine dichte Wolke umhüllte den Berg, als Gott den Himmel senkte, bis dieser den Gipfel erreichte und den göttlichen Ruhmesthron darauf stellte.

Das Unvorstellbare und Wunderbare geschah: Das jüdische Volk hörte nicht nur Gottes Stimme, es sah sogar die Schallwellen als feurige Substanz aus Gottes Mund strömen, die sich im Nachhinein in die Gesetzestafeln eingravierte. Die göttliche Stimme hallte laut über das ganze Lager und drang an das Ohr jedes Einzelnen. Gott sprach: »Ich bin der Ewige, dein Gott, der dich aus dem Land Ägypten aus dem Sklavenhaus herausgeführt hat …«

Das Erlebnis der Offenbarung war so furchterregend, dass die ganze Erde wie gelähmt war. Obwohl die Kinder Israels den Ruhm Gottes sehen und seine Stimme hören wollten, verließen ihre Seelen die Körper, als Gott sprach, und seine Stimme hallte so laut, dass die Erde noch stärker bebte. Die anderen Völker wandten sich an den Propheten Bileam und fragten, ob Gott eine weitere Sintflut beabsichtigte. Dieser versicherte ihnen, dass die Erde nur voller Aufregung sei, weil Gott seinem Volk die Thora übergab. Die

Körper der Kinder Israels lagen leblos am Boden. Da Gott aber nicht die Absicht hatte, seine Thora seelenlosen Leichen zu schenken, besprenkelte Er sie mit dem Tau der Auferstehung und brachte ihnen ihre Seelen zurück.

Gott sprach zunächst alle zehn Gebote gleichzeitig aus, um zu zeigen, dass diese Art der Verkündung ausschließlich göttlich und keineswegs menschlich war. Danach wiederholte Er die ersten Gebote einzeln, damit sich jeder durch die Offenbarung persönlich angesprochen fühlte und die Gebote selbst einhielt, ohne sich dabei auf seinen Nächsten zu berufen.

Nachdem das jüdische Volk die zwei ersten Gebote durch Gottes Mund gehört hatte, war es so erschrocken, dass es Mose anflehte, er solle derjenige sein, der die übrigen Gebote allein entgegennahm und sie dann an alle weitergab. Das war ihnen erträglicher als noch einmal Gottes Stimme zu hören. Obwohl Gott vorhergesehen hatte, dass die Kinder Israels nicht in der Lage waren weiterzuleben, nachdem sie seine Stimme gehört hatten, ging Er trotzdem auf ihren Wunsch ein. Gott wollte nicht, dass sie sich später beschweren würden: »Wenn Gott uns an einer direkten Offenbarung hätte teilnehmen lassen, hätten wir niemals Götzendienst betrieben.«

Daraufhin schickte Gott die Engel Michael und Gabriel, um Mose auf den Gipfel des Berges zu bringen. Sie nahmen Mose an die Hand und führten ihn gegen seinen Willen durch die Dunkelheit und die Dichte der Wolken bis zu Gottes Ruhmesthron, damit Mose die weiteren acht Gebote empfangen konnte.

Die tausende von Dienstengeln, die Gott umgaben, beschwerten sich über die Anwesenheit Moses im Himmel und fragten Gott, was ein menschliches Wesen unter ihnen mache. Gott antwortete ihnen, dass Mose da sei, um die Thora in Empfang zu nehmen. Die Engel waren mit dieser Entscheidung nicht einverstanden, deshalb wies Gott Mose an, den Engeln selbst zu antworten. Mose fragte Gott dann, so dass alle Engel es hören konnten: »Herrscher der Welt, was steht in deiner Thora, die du mir gibst?«

»Ich bin der Ewige, dein Gott, der dich aus Ägypten herausgeführt hat.« Daraufhin wandte sich Mose an die Engel: »Seid ihr aus Ägypten ausgewandert? Seid ihr von dem Pharao versklavt worden? Wieso soll dann die Thora euch gehören? Steht dort nicht weiter geschrieben ›Du sollst keine anderen Götter haben‹? Lebt ihr etwa unter den Völkern, die den Götzen dienen? Steht nicht als Nächstes in der Thora ›Erinnere dich an den Schabbat-Tag, um ihn zu heiligen‹? Seid ihr überhaupt mit Arbeit beschäftigt, um euch am siebten Tag auszuruhen? Und dann: ›Du sollst den Namen Gottes nicht missbrauchen.‹ Habt ihr irgendwelche Geschäftsbeziehungen untereinander, die euch zwingen könnten, in Gottes Namen zu schwören? Das nächste Gebot: ›Ehre deinen Vater und deine Mutter.‹ Habt ihr einen Vater oder eine Mutter? Und: ›Du sollst nicht morden, du sollst nicht ehebrechen, du sollst nicht stehlen, du sollst nicht falsch bezeugen, du sollst nicht begehren.‹ Gibt es zwischen euch Neid, der euch zum Morden, zum Stehlen oder zur falschen Aussage drängt? Leidet ihr unter Versuchung?« Die Engel hatten dem nichts entgegenzusetzen, waren ein-

verstanden mit Gottes Entscheidung und freuten sich schließlich mit Mose, dem sie Geschenke überreichten.
Gott befahl Mose weiter, den Kindern Israels in seinem Namen zu sagen: »Ihr habt gesehen, dass Ich vom Himmel herab mit euch geredet habe.« Anschließend begab sich Gott wieder in die unerreichbaren Höhen des Himmels, die Wolken, Blitz und Donner lösten sich auf, die Erde hörte auf zu beben und die gesamte Natur kehrte zu ihrer ursprünglichen Ruhe zurück.

Das jüdische Volk war Zeuge von Gottes Offenbarung und bekam das wertvollste Geschenk: Gottes Thora und seine Gebote.

Moses letzter Segen

Deuteronomium 29,9–34,12

Im Alter von 80 Jahren wurde Mose von Gott auserwählt, das jüdische Volk aus der Sklaverei zu befreien und es in das verheißene Land zu führen. 40 Jahre lang hatte Mose Gott gedient, das Volk durch die Wüste geleitet und ihm die Thora beigebracht. Regelmäßig hatte er das Volk versammelt, um zu ihm zu sprechen, so geschah es auch in den letzten Tagen seines Lebens. »Dieser Tag ist wie der Tag, an dem Gott die Thora offenbarte. Gott schließt mit euch allen einen neuen Bund: mit euren Anführern Josua, Elasar, den Oberhäuptern der Stämme, den Ältesten, den Richtern, allen Männern, allen Frauen, allen Kindern … Dieser Bund schließt auch alle ein, die in Zukunft geboren werden … Wenn ihr später im Exil für eure Sünden büßen werdet und die Thora und ihre Gebote von ganzem Herzen und mit ganzer Seele einhaltet, dann wird Gott barmherzig sein und euch von überall her wieder zusammenführen. Gott wird euch in das Land führen, das Er euren Vorfahren versprochen hat, und Er wird euch mehr Gutes tun als euren Vorfahren …«

Mose erklärte dem jüdischen Volk, wie es büßen und zu Gott zurückkehren konnte: »Nur durch das Lernen der Thora. Die Thora ist nicht mehr im Himmel. Ich habe sie auf die Erde geholt und sie euch offenbart. Sie ist auch nicht jenseits der Meere, ihr könnt euch nicht hinter Entschuldigungen verstecken, indem ihr behauptet: ›Wenn wir nur jemanden hätten, der hinausfahren könnte und uns die Erklärungen der Thora mitbrächte, dann hätten wir sie gelernt!‹« Das Volk fragte Mose: »Wenn die Thora weder im Himmel noch jenseits der Meere liegt, wo also befindet sie sich?« Mose antwortete: »Sie ist ganz nahe bei euch, wenn ihr sie in euren Schulen lernt, um sie aufrichtig zu erfüllen.« Als Mose seine Rede beendet hatte, kehrten die Versammelten in ihre Zelte zurück.

Der siebte Tag des Monats Adar im Jahr 2488 nach der Schöpfung der Welt war Moses 121. Geburtstag und zugleich sein Todestag, an dem ihm eine himmlische Stimme eröffnete, dass dies sein letzter Tag auf der Erde sei. Mose ging also, sich von seinem Volk zu verabschieden, und tröstete es: »Ich bin ein alter Mann von 120 Jahren und mir ist es nicht mehr erlaubt, euch die Thora zu lehren, Gott hat die Quellen der Weisheit vor mir verschlossen. Gott gestattet mir nicht, den Jordan zu überqueren, aber seid nicht verzweifelt, seine Gegenwart wird euch begleiten und Josua wird euer Anführer sein.« Danach vollbrachte Mose noch zahlreiche Dinge: Er schloss einen neuen Bund zwischen Gott und dem jüdischen Volk, er verfasste ein Loblied, das in die Thora eingefügt wurde, er segnete alle zwölf Stämme und schrieb die gesamte Thora dreizehn Mal ab.

Dem Midrasch nach begann Mose zu weinen, als er über seinen eigenen Tod schrieb, und seine Tränen vermischten sich mit der Tinte, die er zum Schreiben verwendete. Er verteilte zwölf Thorarollen an die zwölf Stämme, die dreizehnte legte er in die Heilige Lade, an die heiligste Stelle des tragbaren Tempels.

Sobald Mose wusste, dass er sterben würde, hörte er nicht auf, Gott anzuflehen, dass Er sein Leben verlängerte. Er fragte: »Warum muss ich sterben? Habe ich eine so schlimme Sünde begangen, für die ich den Tod verdiene?« Gott antwortete: »Ich habe bereits den Tod über den ersten Menschen Adam verhängt.«

»Adam hatte verdient zu sterben, weil er gegen dein Gebot verstoßen hat, aber ich nicht.«

»Du bist in das Urteil über Adam eingeschlossen, sogar ein Gerechter wie Abraham, der meinen Namen in der Welt geheiligt hat, musste sterben.«

»Abraham hatte Ismael zum Sohn, dessen Nachkommen dich ärgerten, vielleicht musste er deshalb sterben.«

»Selbst Isaak, der bereit war, sich für mich auf dem Altar zu opfern, konnte dem Tod nicht entrinnen.«

»Isaak hatte den schlechten Esau zum Sohn.«

»Selbst Jakob musste sterben, obwohl er zwölf Söhne ohne Makel hatte, alle zwölf waren Gerechte.«

»Jakob hat niemals meinen Grad an Frömmigkeit erreicht, sprach er zu dir von Angesicht zu Angesicht? Hat er die Thora erhalten so wie ich?«

»Das Thema ist beendet. Es ist mein Entschluss.«

»Herrscher der Welt«, flehte Mose, »erhebe dich von deinem Thron der Gerechtigkeit und begebe dich zum Thron der Barmherzigkeit, lass mich nicht in die Hände des Todesengels fallen! Wenn du meine Gebete annehmen wirst, werde ich dich vor der ganzen Menschheit in alle Ewigkeit preisen.«

»Es ist nicht möglich, der Tod wurde seit allen Zeiten verhängt, selbst über die Gerechten.«

Als Mose begriff, dass seine Gebete nicht erhört wurden, rief er die gesamte Schöpfung um Hilfe. Er bat nacheinander die zuständigen Engel für Himmel und Erde, Sonne und Mond, Sterne und Planeten, Berge und Hügel sowie für die Meere, damit diese sich bei Gott für ihn einsetzten. Doch alle lehnten seine Bitte ab, denn sie hatten keine Macht, Gott zu überzeugen. Schließlich wandte sich Mose an den großen Engel Matatron, der ihm antwortete: »Es lohnt sich nicht, sich so anzustrengen, denn ich habe hinter dem himmlischen Vorhang erfahren, dass deine Gebete in dieser Sache nicht erhört werden.« Nach dieser Antwort begann Mose zu weinen und klagte: »Wen sonst kann ich um Barmherzigkeit bitten?« Gott fragte ihn sanft: »Mose, wovor hast du Angst?«

»Ich habe Angst vor dem Engel des Todes.«

»Ich werde ihm nicht erlauben, deine Seele davonzutragen. Dein Lebensende ist nicht wie das der anderen Menschen, du bist heute genauso kräftig wie in deiner Jugend und du brauchst für dich weder Totenkleider noch Sarg vorzubereiten, denn der Himmel wird dich damit versorgen. Du wirst nicht von deiner Familie oder von deinen Freunden beerdigt werden, sondern von mir.«

»Ich habe Kummer wegen meiner Mutter, denn zwei ihrer Kinder, Aaron und Miriam, wurden ihr bereits genommen, soll sie jetzt auch mich verlieren?«

»Das war schon entschieden. Bis jetzt hast du als Anführer gedient, aber nun ist deine Zeit gekommen und Josua steht bereit.«

»Herrscher der Welt, wenn ich dem neuen Anführer Platz machen soll, lass mich als Josuas Schüler weiterleben.«

»Einverstanden, versuche das, wenn du es willst!«

Mose lief gleich zu Josuas Zelt und gemeinsam gingen sie in die Stiftszelte, wo Gott sich üblicherweise Mose offenbarte. Mose hielt sich links von Josua wie ein Schüler und als die Ruhmeswolke sich hinabsenkte, errichtete sie eine Trennung zwischen den beiden Männern. Nachdem die Ruhmeswolke wieder aufgestiegen war, fragte Mose Josua, welche göttliche Mitteilung er erhalten habe. Dieser antwortete: »Als Gott sich dir offenbarte, erfuhr auch ich seine Botschaft nicht. Die Wolke hat uns getrennt, weil Gott zu mir alleine sprechen wollte, und ich darf es dir nicht weitersagen.«

Daraufhin rief Mose: »Lieber einhundert Tode als dieser Neid!« Von diesem Moment an wurden Mose die Schlüssel der Weisheit entzogen, so dass er weder länger unterrichten konnte noch durfte. Er fühlte eine so große Verzweiflung, dass er Gott anflehte: »Herrscher der Welt, erst jetzt habe ich dich um mein Leben gebeten, jetzt flehe ich dich an, meine Seele zu nehmen.«

In den letzten Stunden, die Mose zu leben blieben, verlor er keine Zeit und ermutigte das jüdische Volk, die Thora zu befolgen. Er brachte in Erinnerung, was Gott den Kindern Israels Gutes getan hatte, als Er sie in der Wüste auf wundersame Weise mit einer Wasserquelle, Manna, das vom Himmel fiel und Kleidern, die sich nicht abnutzten, versorgte und als Er sie gegen angreifende Feinde schützte wie ein Adler, der seine Jungen auf seinen Flügeln trägt. Darüber hinaus prophezeite Mose Gottes Güte für das Volk, wenn es in Israel ankommen werde. Anschließend lehrten er und Josua den Kindern Israels Gottes Lob in Form eines Liedes.

Schließlich erteilte Mose seine letzte Lehre, nämlich dass nichts in der Thora ohne Bedeutung sei: kein Vers, Wort oder Buchstabe, nicht einmal die Punkte und die Krönchen oberhalb der Buchstaben.

Dann befahl Gott Mose, sich auf den Berg Nebo zu begeben: »Von dort wirst du das Land Israel sehen und auf diesem Berg wirst du sterben. Dein Tod wird durch einen göttlichen Kuss verursacht.« Noch einmal versuchte Mose, Gott umzustimmen: »Herrscher der Welt, lass mich nicht sein wie der Mann, der die Hochzeit seines einzigen Sohnes vorbereitet hat, der dann aber zum Königsgericht gerufen wurde, um sein eigenes sofortiges Todesurteil zu erfahren. Ich habe dieses Volk aufgezogen, ich habe es aus Ägypten geführt, ich habe ihm deine Thora beigebracht, ich habe ihm um deinetwillen ein Heiligtum errichtet und gerade jetzt, wo wir kurz davor sind, den Jordan zu überqueren und das Land in Besitz zu nehmen, erfahre ich, dass ich sterben soll? Möge es dein Wille sein, dass ich nur den Jordan mit überquere, danach werde ich freiwillig aus dieser Welt gehen.« Gott erwiderte unerbittlich: »Nein. Von dem Berg Nebo aus wirst du das verheißene Land unten sehen und oben wirst du die himmlische Welt erblicken, allerdings wirst du das Land Kanaan nicht betreten.«

Die Zeit verging so schnell, dass Mose bald nur

noch eine Stunde zu leben blieb. Der Tag war lang gewesen, und der größte aller Propheten hatte viele Dinge vollbracht: Er hatte 13 Thorarollen angefertigt, Unterricht erteilt und vor allem hatte er viel geweint und mit Gott verhandelt. Gottes Beschluss war unwiderruflich besiegelt. Mose wusste, wenn es ihm nicht erlaubt war, Israel zu erreichen, geschah das nur deshalb, weil er gesündigt hatte in einem Wutanfall gegen das jüdische Volk, als es in der Wüste vor Durst nach Wasser jammerte. Dennoch entschied er sich, diese letzte Stunde zu nutzen, um sein Volk mit all seiner Liebe ein letztes Mal zu segnen.

Als Gott von Mose verlangt hatte, auf den Berg Nebo zu steigen, um dort zu sterben, glaubte der Engel des Todes, dass er die Erlaubnis habe, Moses Seele an sich zu nehmen. Er begab sich hinunter und umkreiste Mose. Als dieser den Engel sah, packte er ihn, warf ihn zu Boden und sagte: »Gott hat mir versichert, dass du keine Macht über mich hast, also steh daneben und höre zu, wie ich die zwölf Stämme segne.« Mose zwang den Engel des Todes, seinen Segen zu hören. Er segnete also einen Stamm nach dem anderen: Ruben, Simon, Juda, Levi, Benjamin, Josef, Sebulon, Issachar, Gad, Dan, Naphtali und Ascher. Mose beendete seinen Segen mit Preisungen Gottes und des jüdischen Volkes. Er versicherte dem Volk, dass Gott ihm auch nach seinem Tod mit Hilfe und Schutz beistehen würde.

Danach sprach er zum Volk: »Mein Tod steht unmittelbar bevor. Ich habe euch schwere Momente bereitet, als ich euch Vorwürfe machte, aber das geschah im Sinne der Thora und der Gebote, verzeiht mir jetzt!« Die Kinder Israels antworteten: »Unser Lehrer, diese schweren Momente sind längst vergeben, jetzt verzeihe du uns bitte, denn wir haben dich so oft verärgert und dir Sorgen bereitet.« Mose antwortete liebevoll: »Ich vergebe euch!«

Gott sprach also zu Mose: »Warte nicht länger, steige auf den Berg Nebo!« Mose willigte ein und begann, den Berg zu erklimmen. Die Erzengel waren dabei, seine Ruhestätte herzurichten. Als sie damit fertig waren, bat Gott Mose, sich darauf niederzulegen und dieser folgte der Bitte. Gott sagte: »Mose, schließe deine Augen!« und Mose tat es. Gott fuhr fort: »Verschränke deine Hände auf deiner Brust!« und Mose gehorchte. »Lege deine Füße zusammen!«, was Mose befolgte. Danach bestellte Gott Moses Seele: »Meine Tochter, Ich hatte vorgesehen, dass du 120 Jahre lang in Moses Körper bleibst. Jetzt musst du ihn verlassen, zögere nicht.« Gott näherte sich Mose sanft und küsste ihn. Darauf folgte Moses Seele dem göttlichen Odem in die Ewigkeit.

So starb Mose, der treueste aller Diener Gottes, im Alter von 120 Jahren auf dem Berg und Gott begrub ihn selbst in den Tälern von Moab. Bis zum heutigen Tag kennt dort niemand den Ort seines Grabes und in Israel gab es niemals wieder einen Propheten wie Mose, dem Gott von Angesicht zu Angesicht begegnete.

Die Kinder Israels beweinten Mose 30 Tage lang. Josua trauerte um seinen Lehrer, die Engel beweinten den Tod des treuesten Dieners Gottes, auch Gott selbst weinte über den Verlust seines treuen Hirten, der ihn immer wieder mit seinem Volk versöhnt hatte.

Nach den 30 Trauertagen für den größten aller Propheten machten sich die Kinder Israels mit Josua als ihrem Anführer auf den Weg in das verheißene Land jenseits des Jordans … doch das ist eine andere Geschichte.

Nachwort

Mit diesem Band legt der Autor sein zweites Werk in unserer Reihe der NES-AMMIM-Bücher vor. Er führt uns in der Tradition der »mündlichen« Überlieferung in die Welt biblischer Erzählungen ein. Aus dieser Tradition, die um die Zeit des Beginns der »üblichen Zeitrechnung« schriftlich fixiert wurde, stammt vieles, das den Autoren des »Neuen Testaments« und dem Rabbi Jesus von Nazareth (so wurde er von seinen Zeitgenossen bezeichnet) selbstverständlich war. Sie beriefen sich dabei auf »Moses und die Propheten«, d. h. auf die hebräische Bibel, ohne zwischen dem damals noch nicht endgültig kanonisierten Text und der gerade erst im Prozess der schriftlichen Fixierung der mündlichen Überlieferung befindlichen Teile zu unterscheiden.

Rabbiner Marc Stern ist mit diesen Traditionen aufgewachsen und präsentiert sie uns, wie er sie ganz selbstverständlich von klein auf gehört und gelesen hat. Wenn man ihn als orthodox bezeichnet, könnte man besser »orthoprax« sagen. Auf Seite 143 zitiert er Exodus 24,7 »Was auch immer Gott sagen wird, werden wir tun und hören ...« In dieser Reihenfolge erkennen wir das Selbstverständnis der »Orthopraxie«: Wortgenau aufnehmen und überliefern, beim Tun und Weitererzählen wird sich auch allmählich der Sinn in allen seinen vielen Schichten und Bedeutungen ganz unterschiedlich nach Lebensalter und Gelehrsamkeit erschließen.

In diesen Prozess des Erzählens und Erschließens nimmt er uns mit hinein. Dieses bedarf einer Offenheit, Geduld und vorurteilsfreien Neugier unsererseits.

Im Mittelpunkt seiner Auswahl stehen die großen Gestalten der Bundesgeschichte Gottes mit seinen Menschen. In jeder Geschichte erkennen wir Gottes Treue und Barmherzigkeit gegenüber den Menschen, die unter dem Segen seines Bundes stehen. Zuerst Noah, mit dem er den Bund unter dem Regenbogen schloss und der allen Menschen gleichermaßen gilt.

(Mit den sieben noahitischen Geboten: Geordnete Rechtspflege, kein Götzendienst, keine Gotteslästerung, kein Inzest, kein Blutvergießen, kein Raub und das Verbot, von lebenden Tieren Glieder für den Verzehr abzutrennen, um später dann weitere Teile zu essen.) Dann der Bund mit Abraham, der seinen Nachkommen gilt und als Zeichen die Beschneidung hat. Und letztlich der Bund mit Moses am Sinai, wo sein Volk die Weisung (Thora) mit ihren 613 Ver- und Geboten erhält. Je nach Bundesstatus kann jeder ein geliebtes Kind Gottes werden und an seiner zukünftigen Welt teilhaben.

In seinem Buch »Die schönsten biblischen Geschichten aus jüdischer Sicht« führt Marc Stern in die Welt derer ein, die zu Vorbildern in der Bundestreue wurden. Seine Geschichten zeigen die Stärken und Schwächen dieser Menschen, die Prüfungen, die sie zu bestehen hatten, ihr Scheitern, aber allem voran die Treue Gottes in seinem Bund, den er nicht aufkündigt, so sehr die Menschen auch scheitern.

Wir Christen können hier viel lernen zu Bundes- und Gesetzesfreude und Gottes vorausschauendem Handeln, das die Freiheit des Menschen dennoch nicht einschränkt. Beides ist uns häufig so fremd geworden, weil unser Lesen der »Hebräischen Bibel« aus der Sicht des »Neuen Testaments« eingeschränkt ist. Dieses liegt nicht zuletzt daran, dass die frühe Kirche die »Hebräische Bibel« nicht mehr kannte, nicht mehr in ihrer Tradition lebte und sich mit der Entfremdung und Einschränkung der Septuaginta (älteste und wichtigste griechische Übersetzung des Alten Testaments) begnügte und sich immer mehr dem griechisch-heidnischen Denken öffnete.

Im Jahre 1964 veröffentlichte der in der Schweiz tätige große jüdische Pädagoge und Religionswissenschaftler Dr. Abrascha Stutschinsky sein Buch »Die Bibel für Kinder erzählt«. Mit diesem Buch kamen immer mehr Religionslehrer und später auch Theologen zum ersten Mal in Kontakt mit den Erzählungen zu Abrahams Geburt, wie sie in der mündlichen Überlieferung schon zur Zeit der Abfassung des Lukas-Evangeliums allem Volk in Israel bekannt waren. Nach diesem Vorbild hat Lukas von der Geburt Jesu, vom Kindermord usw. berichtet. Neben hilfloser Abwehr überwog später die Freude über die gemeinsamen Wurzeln, die Bereitschaft, die eigenen Traditionen kritisch zu überprüfen und Jesus von Nazareth, der es als seine Aufgabe sah, »den verlorenen Rest des Hauses Israel« für das Bundesvolk zurückzugewinnen, als integralen Teil des jüdischen Volkes, so zu sehen, wie er beim Lesen der neutestamentlichen Texte für die erkennbar wird, die sich mit Gewinn dem

Studium der ganzen Thora in schriftlicher und mündlicher Überlieferung widmen.

Wir haben Rabbiner Marc Stern zu danken, dass er uns die Möglichkeit öffnet, das Judentum und uns selbst als Christen besser zu verstehen.

Oldenburg, im Juli 2003
Roland Neidhardt

(Herausgeber der NES-AMMIM-Bücher zum besseren Verständnis des Judentums und Israels)